JN221432

金財華さまと三十一の神さまが教える金運アップのひみつ

金財華さまの紹介

○「金財華（きんざいか）」さまってどんな神さま？

ひと言でいえば「金運を司る女神」です。神さまの中には宇宙を支配する王族が存在するのですが、金財華さまはその王女さまの系統、王妃さまの妹にあたります。

人間界にはめったに降りてこず、現在は王妃さまの下で、宇宙にあるすべてのお金を世界に分担する仕事を任されています。お金に関するあらゆることを仕切り、整理し、采配するお役目を担っているのです。

○どうしてお金を管理しているの？

宇宙には実にさまざまな世界があり、たくさんの分野に分かれて存在しています。金財華さまはお金に関する役割を担う系統にあり、この仕事を代々受け継いでいくことになっているのです。

神さまの世界では、お金の管理は女性が行うものとされています。男性よりも女性がやりくりした方がお金が残りやすい傾向にあるのは、神さまも人間も同じと言えるでしょう。

○どんな所にいるの？

宇宙の世界と人間の世界は表と裏であり、かなり似ています。金財華さまがいらっしゃるのは宇宙の経済的な部分を担う、人間界でいえば財務省のような所だと考えるといいでしょう。

宇宙にあるお金を管理する倉庫のような所にずっとおられ、そこから出ることはありません。お金に関する仕事はとても大事なので、王さまと王妃さまの指示を受けながら、すべて一人で判断して動いています。人間から見るとかなり大変そうに感じますが、そういう役割の神さまなのです。

○どんな姿形をしているの？

とても美しい風貌をされている女神さまです。きりっとした顔立ちで、後ろでまとめた長い黒髪がとても印象的。頭には金の冠をのせ、金の刺繍がされた衣を召されています。まさに黄金のように輝くオーラをまとっていますが、決して華美ではありません。

手には大きな扇を持っており、それを大きくあおぐことでお金が舞い上がりながら出現します。

○どうやって人間に金運を授けるの？

私たちは、この金財華さまをはじめとする宇宙の存在から運を配られています。しかし金運で言えば、金財華さまから等しく配られたお金を等しく人間に分け与えているのは、日本で「八百万の神」といわれる神さまがたなのです。金財華さまはそれよりも上のレベルにいらっしゃるため、金運のご利益をいただける神さまは、すべて金財華さまの下で動いていることになります。

○どんな人に大きな金運が巡ってくる？

基本的に人間に対しては平等ですが、過去世においてお金をどんな使い方をしてきたかによって、お金の入り方は違ってきます。お金で人を助けた経験があるなど、善い行いをした人には大きな金運が配られるようです。

人生で金運がやってくるタイミングを見極め、それまでに受け取る力をつけておくことが大切だと言えます。「お金は天から与えてもらうものだ」と考え、金財華さまが存在すること自体に感謝することで、金運が巡ってくるでしょう。

目次

各項目の見方　46

金運を司る三十一神　51

瀧天貴が聞く、金財華さまからのメッセージ

はじめに

❖「しくみ」を知って神さまにお願いすれば、金運は上がります

こんにちは、瀧天貴（りゅうてんき）です。

私の本を手に取っていただき、ありがとうございます。

「金運を上げたい」「お金が欲しい」という気持ちは、人間なら誰もが持つものです。そして、現実が厳しいほど神さまに頼りたくなるのも、また道理と言えます。

世間では「開運」「金運アップ」という言葉が氾濫していますし、効果的な神社参拝の方法なども、書籍やネットで調べればすぐに出てくるでしょう。でも、神さまによって金運が現世に降りてくるしくみを説明するものは、あまりないように思います。

実は、この「しくみ」を知って神さまにお願いすることが、金運を上げるための鉄則なのです。

今回は、いつも私の後ろにいてくださる神さまがた、そして金運を司る女神のお力をお借りして、神さまと金運の関係、そして効果的な神さまへのお願いのしかたを伝授いたします。

ご紹介するのは、主に3種類の神さまに対する開運行動です。ちょっと複雑に感じるかもしれませんが、基本は簡単。これらを行うことで、あなたに必要な金運と幸運が、必ず舞い込んでくるでしょう。

❖私がなぜ神さまとつながるようになったか

私は幼少の頃から、すでに目に見えないものが視えていました。今でも覚えている出来事は多いですが、特に忘れられないエピソードがいくつかあります。

まずは幼稚園の時。山の上にあって歩くのが大変だったこともあり、私は登園するのがイヤでしかたがありませんでした。行きたくないあまりに、その日に使うクレヨンを途中で捨てたこともあったんです。

園を抜け出すことも多かったけれど、他の子どもたちが家まで追いかけてきて……。「見つかったらダメだ」と思って、その日は家の庭に隠れていたんですよ。

そうしたら突然、シルクハットをかぶって杖を持った、すごく大きな人が現れたの！　そして、後ろから杖でつつかれて「人間世界では、学校に行かなければいけないんだよ」と。２メートル以上もあるような人だったから本当にビックリして、次の日からしかたなく幼稚園に行くようになりましたね。

それからもずっと、人間以外のものは視えていました。でも、特に日常生活に必要がないから、できるだけ見ないようにしていたんです。

この力があって得だと感じたことはあまりないけれど、学生の頃の試験では、答えがパッと頭に浮かんできて「ラッキー！」と思うこともありましたね。ただ、私が視えるのは答えだけで、途中の計算式なんかはわからないから、そこまで役に立った感じではないかもね。

転機が訪れたのは、結婚して子どもが大きくなってから。私はずっと東京で暮らしているのですが、さまざまなトラブルが立て続けに起こり、最初の家を引っ越すことになったんです。その後は働きながら、単身赴任中の夫に会いに月1回ほど中国を訪れるような生活でした。そんな中、神さまがなぜか「仕事を始めなさい」と言ってきたの。

ある日、オレンジの光がバッと視えたと思ったら、喉が痛くなってね。その日は一晩中、ずっと吐いていました。自分の口から変な言葉も出てくるから「私はおかしくなったのかしら」って……。だから、最初は周りにも隠していましたね。

でもこれは、日本語が神さまの言葉に訳されて出てきた言葉だったんです。神さまからも「あなたの仕事はこれ」と言われ、まずは喫茶店で悩みを抱えている人、困っている人の話を聞くようになりました。

その後、だんだんと口コミが広がり、自由が丘に事務所を設立。毎日たくさんの人が訪れるようになり、目の回るような忙しさでした。神さまは他のものはともかく、なぜか事務所だけは用意してくれるんですよね。

自由が丘の次は銀座に移り、現在は白金の事務所ですが、私の後ろには常にいろいろな神さまがいることを実感しています。人に「どうですか」と聞かれた時に上にいる神さまに聞けば、必要な神さまが出てきてその方法を教えてくださるのです。その時に使用するツールが、私が神さまから授かった特別な言語、いわゆる「天の声」ですね。

❖金運を司る「金財華」さまと三十一の神さまの関係

一般的に日本人が「神さま」といって思い浮かべるのは、神社仏閣に祀られている多くの神さまがたや、キリスト教など一神教の神さまであることが多いでしょう。でもそれ以外に、世の中の采配を行う神さまが宇宙にいらっしゃいます。その中で、金運を司る神さまは「金財華（きんざいか）」さまです。

金財華さまは、神さまの中の位置づけでいえば「金運を司る女神」。宇宙を支配する王族がおり、その王女さまの系統にあたります。人間界にはめったに降りてきません。宇宙に存在する、お金に関するあらゆることを仕切り、整理し、采配するお役目を担っているのです。

私はこの力を授けられた時にマイナス・バリという神さまとつながりましたが、それぞれの方の役割は違うものの、マイナス・バリと対等な立場にいらっしゃるお方です。

この神さまは女神さまだけあり、とても美しい風貌をされています。華美ではありませんが、頭には金の冠、縦に金の刺繍がされた白い衣を召され、まさに黄金のように輝くオーラをまとっています。手に大きな扇を持っており、それを大きくあおぐことでお金が出現するのです。

日本で「八百万の神」といわれている神さまは、この金財華さまをはじめとする宇宙の存在から運を配られ、私たちに与えてくれます。

金運で言えば、金運のご利益をいただける神さまは、すべて金財華さまのもとにいるということ。この神さまはそれぞれ、金財華さまから等しく配られたお金を人間に分け与えているのです。


このお話からすれば、一人ひとりに対するお金の配分は、宿命的に決まっていると言えます。でも、その中で努力をしたり必要な神さまに祈ったりすることで、ご利益がいただけるチャンスが増えることになるのです。

そして今回、金財華さまからも直接、お金についての法則をお聞きしました。日頃、お金とどのように接していけば金運アップにつながるのか、わかりやすく教えていただきましたので、ぜひ実践してくださいね。

金財華さまに聞く、世の中のお金の法則

人は新たに生を受ける時、過去の行いを知るとともに「次はどこで生まれたいか」を3つの惑星の中から選ぶことになります。そこで「この惑星で、こう生まれたい」という希望を出し、神さまと相談して決めるのです。

金運も同様で、「今世では、このくらいのお金が欲しい」と自分で決めて生まれてくるため、基本的にそこから大きく変わることはありません。しかし、善に値する行動をすれば自身がレベルアップし、いただけるお金が増えていくのです。

たとえば、これまで真剣に自分の人生を生きてきた人、他人のためにと徳を積むような行動をしてきた人は、何倍にも増える可能性があります。

とはいえ、やみくもに行動してもお金は動きません。お金はみんなが欲しいものですが、追いかけると逃げていくものでもあります。お金は欲して取るものではなく、目標を持って育てるものと考えてください。

その証拠に、「自分はこれをやりたいから、そのためのお金が必要だ」という時は、不思議とお金は入ってきます。事業を成功させる、マイホームを建てるなどお金に関する目的、そして希望を持つことが大切です。

また、金運は金運単体で存在するのではなく、人生のしくみの中に組み込まれているものです。金運がやってくるタイミングは、その人の人生の流れによって決まります。

裕福な家に生まれれば、お金がない苦労は人より少なくて済みますよね。

そしてその逆の場合は、自分でなんとかして生活のためのお金を稼がなければばいけません。

仕事をして稼いで貯蓄するか、財力のある相手と結婚するか、あるいは遺産を相続するか……自分がどんな立場にいてどんな運勢を持っているのかを知り、そこから金運を見いだすことが重要になります。


そうした心持ちの上で、今の状況に合った神さまを探してお祈りしましょう。願う力が強ければ、必ず回りまわって金運が上がっていきます。

また金運が上がれば、その他のいろいろな運も上がるもの。そうなれば、人にも何かしてあげたいという気持ちが湧き、人のためになることでさらに金運が上がっていく……お金とは、そんな「しくみ」で生まれてくるのです。

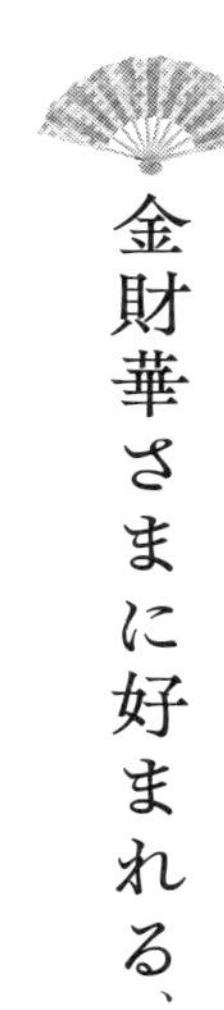

金財華さまに好まれる、お金が入りやすい行動

❖運とお金のある人と付き合う

あなたの周りに、常に前向きな考えを持つ人や運がいいと思える人、あるいはお金持ちの人がいるならば、その人とは良いお付き合いをさせてもらいましょう。

逆に、ネガティブ思考の人や愚痴や文句ばかりで動かない人の近くにいると、自分の運気とお金を持っていかれる可能性がありますから、距離を取るようにしてください。

売れっ子のお笑い芸人さんが「売れていない時は、先輩にいつも食事をおごってもらっていた」というのは、よく聞く話ですよね。これは、売れている先輩から成功運をもらっているのです。

また、お金のあるなしにかかわらず、向上心があって常にレベルアップを図っているような人からも、いい影響をもらえるでしょう。

❖誕生月の一カ月前から金運アップ行動をする

一年に1回、誰にでもやってくる誕生日。自分の誕生日の一カ月前からは、通常よりもグッと運気が上がる、宇宙からのプレゼント期間です。

もちろん金運も上がっていますが、ここでの金運はお金そのものだけではありません。仕事がうまくいけばお給料や報酬が増えますし、物はお金で買うものですから、贈り物をいただくのも金運と言えるでしょう。

仕事を頑張ったり貯金をしたりなど、この期間に金運に関する行動を行うことでより良い運気を引き寄せ、結果的にお金が入りやすくなります。誕生月の一ヵ月前になったら、意識して動くようにしてください。

❖富士山の絵や写真を飾る

金運アップに効果的なインテリアは、絵画です。山、特に高さを誇る富士山やエベレストは、「頂点」を象徴することから開運の象徴と言えます。絵画を用意するのが難しければ写真でもいいので、リビングなど家の中心に飾るといいでしょう。そのほか、太陽や海などの自然を描いた絵や写真も効果的です。

観葉植物も人気ですが、それは健康運の場合。金運においては、目を見張るような効果は期待できないでしょう。

❖手と爪と髪を整える

女性も男性も、普段から手と爪をキレイにしておきましょう。お金は手でつかむものですから、手の汚い人のところにお金やはやってきません。

また昔から、貴族など特権階級の人たちは労働をしないため、手が美しいと決まっています。手や爪のケアをして常にキレイに保つことで、身分の高い人たちと同等の金運を呼ぶことができるでしょう。

さらに、髪のお手入れも大切です。お金は水分のある場所に集まりますから、たっぷり潤いを含んだツヤ髪をキープしてください。痛んでパサパサしていたり、整っていないボサボサの髪は金運を遠ざけてしまいます。

いくら頑張っていても、疲れた感じを出しているとお金は入ってこないもの。何があっても、身だしなみには気をつけておきましょう。

❖身の回りのお金にまつわる部分を整える

最近はキャッシュレスが普及してきて、あまり現金を持たない人も増えているようですね。でも、お金を使う↓入ってくるというスムーズな流れをつくるには、日頃からできるだけ現金で買い物をするのが大事だと言えます。

「お金はお金のあるところに集まってくる」というのは、本当です。財布の中に多めにお金を入れて持ち歩くことで、お金が「ここにいるよ、おいで」と仲間を呼んでくれます。財布は、10円玉と同じ色であるオレンジがオススメです。

ただ、口座引き落としやクレジットカード払いは、購入履歴が残るという点で、金運的には良いと言えます。電気やガス、水道などの公共料金、電話料金などはできるだけ口座引き落としにしましょう。

とはいえ、クレジットカードをつくるのは3枚まで。カードを持つとお金を使いたい欲が増しますから、使わないカードはすぐに解約することを意識してください。

また、お店などで現金の代わりになるポイントカードは、持っていると金運が上がります。お財布とは別のケースに入れ、一緒に持ち歩きましょう。

少額のポイントをコツコツ貯めるものですから、ケチになれる茶色のケースにまとめて入れておくといいですね。

通帳は、家の中の暗い場所に置きましょう。小さいタンスや引き出しなど、見つかりにくいところに置くのがベストです。。

印鑑については、認印、銀行印など用途を別にすること以外は、あまり気にしなくて大丈夫。ただ、通帳とは分けて保管しておいてください。

管理をしっかりしたいなら、一年の初めにお金の計画を立てるのがオススメです。元旦に家族でお金会議をするのもいいですね。

金運がダウンする人はこんな人！

❖お金が入るよりも多く使う人

当然のようですが、お金が入るよりも多く使ってしまう人は、金運がダウンします。神さまは「分不相応なお金を無駄に使う人」が大嫌いなのです。お金がないのに、クレジットカードなどで浪費してしまわないように気をつけてください。

また、リボ払いや分割払いなどの回数を多くするのも、金運が逃げていく原因になります。自分の身の丈以上の買い物は、できる限り控えることです。

❖お金を出しっぱなしにする人

手元に現金があるなら、必ず財布や封筒の中に入れて見えないようにしておきましょう。人の目に触れる場所や手の届きやすい所に置くと、お金はすぐに他の場所へと逃げて行ってしまうのです。

また、人間は無意識に「お金が欲しい」という欲を持っています。そのへんにポンと、誰にでもわかるようにお金を置いておくと、盗むつもりがない人でも「出来心」が発動してしまうことがあるのです。

余計なトラブルを招かないためにも、安易にお金を見せたりやり取りしたりしないように注意してください。

❖暗い色の服を着る人

黒は着やすい色でもあるのか、街中に出ると、男女とも本当に黒い色の服を着ている人が多いですね。しかも一部だけでなく、「全身黒」というコーディネートの人の何と多いこと！

基本的に黒はお葬式の時に着る色であり、「終わり」「停止」を意味します。黒い服を身に着ける人が多くなれば、国全体の景気はもちろん、着ている人の運気も発展していきません。日本の不景気が続いてしまうのも、納得というものです。

ただ、誰が着てもあまり間違いはない色であることから「可もなく不可もない」とも言えるかもしれないけれど、やっぱり華やかな運気は寄ってこないでしょう。

普段は白やピンク、イエローなど、明るめのファッションを意識するようにしてください。仕事で黒やグレーを着なければいけない場合は、ブラウスやスカーフ、ネクタイなどに差し色として明るい色を取り入れるのがオススメです。

この本の使い方

❖現状を把握し、自分に合った神さまを見つけましょう

ひとくちに金運の神さまといってもそれぞれ個性があり、ご利益にも違いがあります。読み進めるうちに「この神さま、私には関係ないな」「いずれ頼ることがあるかもしれないけれど、今はまだ……」という感想が出てくるのも、当然のことと言えます。

その人の置かれている立場や状況によって、欲しい金運は変わってくるもの。サラリーマンの人が組織での収入アップを望む時と、経営者やフリーランスの人が事業や仕事の成功を望む時では、お願いする神さまもいただくべきご利益も同じではないでしょう。
そのため、すべての神さまに対して開運行動を行う必要はありません。まずは、あなたが現在どのような状況にあり、どんな金運を得たいかをしっかり把握しましょう。その上で、三十一の神さまの中から自分に合った神さまを見つけ、必要な開運行動を行ってみてください。

また、日本の神さまにはそれぞれ役割や使命があります。いただけるご利益のパワーを補強するという意味で、いくつかの神さまに同時にお願いするのもいいでしょう。神さまの特徴をよく知って具体的に強くお願いすることで、望む幸せに近づくことができます。

「金運は上げたいけれど、どの神さまのご利益が自分に必要なのかがわからない」という人は、巻末資料（217ページ〜）を参考にしてみてください。

❖主な開運行動は3つ

金運のご利益を得るために、行っていただきたいことが3つあります。それは「オススメ神社仏閣に参拝すること」「一日開運アクションをすること」「神さまの文字（リズムレター）をなぞること」です。

この本に登場する三十一の神さまに付与された番号は、同時にその神さまのご利益を得やすい日付（1日〜31日）を表しています。たとえば、番号が3の神さまであれば、ご利益を得やすい日は3日です。

必要な神さまに対応した日に上のいずれかを行うことで願いが届きやすく

なり、神さまがあなたをバックアップしてくれるようになります。運も拓けていき、結果として的確な答えをいただけるでしょう。

❖まずはオススメ神社仏閣への参拝を考えて

ちなみに、3つの中でもっともご利益をいただけるのは、オススメ神社仏閣への参拝となります。ご利益を得やすい日より三日ほど前から訪れて大丈夫ですが、忙しくて時間がなかったり遠方だったりする場合も多いでしょう。そもそも、ご利益の得やすい日あたりで参拝するとしたら月に数日しかチャンスがありませんので、なかなか難しいですよね。

そんな時は、ご利益を得やすい日の朝、東の太陽に向かって神さまの名前を3回唱えながらお願いをしてください。あるいは神さまの名前を紙に書き、東側に置いて祈るのでもいいでしょう。参拝の予定はあるものの直近には行けない場合、諸般の事情でしばらくは予定が立たない場合、どちらもOKです。

❖強く祈って日常的に神さまからエネルギーをいただきましょう

さらに強く祈るために、太陽への祈りに加えて神さまごとの「一日開運アクション」を実践してみましょう。自宅や職場など、基本は身近なところで行うことができます。それぞれの神さまに沿った効果的なやり方で祈ることで、願いを聞き入れてもらいやすくなるでしょう。

「ご利益の得やすい日まで待たないといけないの?」「すぐに行動して、少しでも早く開運したい！」という人は、巻末資料（254ページ〜）にある「なぞって開運！」を行いましょう。私は「リズムレター」と呼んでいますが、神さまごとの象徴する文字が大きく記載されていますので、時間がある時に「どんな風にお金を得たいか」を口にしながら3回ほどリズムレターをなぞってください。

これは日付に関係なく、今日からでも行って大丈夫です。ご利益の得やすい日を含め、毎日でも構いません。

金運アップはもちろんですが、うまく物事が進まない時や不安を感じた時、嫌な出来事があった時、体調が優れない時などに行うのもオススメです。なぞることで神さまのエネルギーをいただけるため、運気も上がっていきます。

もちろん、一日のうちに「オススメ神社仏閣への参拝」「一日開運アクション」「なぞって開運!」の3つができる人は、ぜひ行ってください。行動の順番は問いませんので、先に開運アクションをしてから参拝をするなどもOKです。

【行動別・開運アクションのやり方一覧】

1「オススメ神社仏閣への参拝」「一日開運アクション」「なぞって開運！」すべてを行う場合

神さまのご利益を得やすい日に、欲しい金運の神さまで３つ全部を行う（順番は問わず）

2「オススメ神社仏閣への参拝」のみ行う場合

神さまのご利益を得やすい日に参拝（３日ほど前から参拝可）

3 参拝を予定しているが直近には行けない、あるいは予定が立たない場合

参拝の代わりに、東の太陽に向かってお願いをした上で､余裕があれば「一日開運アクション」「なぞって開運！」を行う

4「一日開運アクション」のみ行う場合

神さまのご利益を得やすい日に、欲しい金運の神さまで「一日開運アクション」を行う

5「なぞって開運！」のみ行う場合

時間のある時（毎日でも可）に、欲しい金運の神さまで「なぞって開運！」を行う

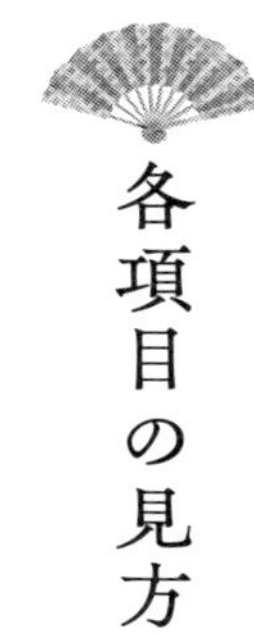

各項目の見方

❖見出し（番号、神さまのお名前／いただけるご利益）

見出しには神さまのお名前、ご利益とともに1〜31の番号が割り振られています。これは「その神さまにおいて、一ヵ月（1〜31日）の中で最もご利益をいただける日」として記載しているもの。たとえば、「09」とナンバリングされている「宗像三女神」は、毎月9日に神社参拝や開運アクションをすることで、神さまに願いを聞き届けていただきやすくなります。

❖神さまからのお言葉

この本を手に取られた方々に向け、神さまからいただいたお言葉を書き記すとともに、神さまが持つパワーやご利益、日常的な心の在り方など、神さまが伝えてくださったことを記載しています。

❖どんな神さま？

その神さまが持つ由来や、主な特徴を記載しています。

❖神さまのご利益を得やすい時期

その神さまのご利益が最も得やすい時期を記載しています。

神さまには、季節や時期などに応じて活発に活動する時期と、あまり動かずにいる時期があります。

見出しの番号に対応した日付に加え、季節や時期、そしてあなたが神さまを必要とした時を考慮してお願いをすることで、さらなるご利益をいただけるでしょう。

❖神さまのご利益をいただく開運アクション

その神さまのご利益を存分にいただくために、行うと効果的な開運アクションを記載しています。

❖神さまのご利益がいただけるオススメ神社仏閣

参拝することでその神さまのご利益がいただける、厳選したオススメの神社仏閣を記載しています。

❖オススメ神社仏閣を訪れる際の開運アクション

その神社仏閣にて神さまのご利益を存分にいただくために、参拝時にすると効果的な開運アクションを記載しています。

金運を司る三十一神（さんじゅういちしん）

01

御歳神

（みとしのかみ／五穀豊穣・金運向上）

神さまからのお言葉：

訳：「行事を正しく行うことにより、福を得られます」

お正月をはじめ、節目ごとの儀式を行う際は「神さまにお供えをする」という気持ちを持って正しく行うことが大事になります。その心が神さまへの感謝につながり、大きな福に恵まれていくのです。

❖どんな神さま？

年神（としがみ）、歳徳神（としとくじん）ともいわれます。新しい年を祝う行事の中から生まれてきた、お正月に活躍する神さまです。

今でこそ少なくなりましたが、昔はお正月の行事をきちんと行う家庭も多くありました。「昨年はありがとうございました。今年も一年よろしくお願いします」という気持ちを込めて門松や鏡もちを飾り、神さまにお礼を伝えるのです。

門松は神さまをお迎えするしるし、鏡もちは神さまへのお供えとなります。鏡もちはお金に匹敵するものであり、「お年玉」もここから生まれました。季節の行事を大切にし、しきたりに沿って行うことで、大きな金運に恵まれるでしょう。

❖御歳神のご利益を得やすい時期

もっともご利益を得られるのはお正月の3が日、1月1日～3日です。また、旧正月となる2月の1日～3日も、御歳神とのコンタクトが可能となります。

御歳神が人間に働きかけるのは、1～2月の二カ月間。この間に新年のお願いをすることで、その年一年間のご利益をいただけるでしょう。

❖御歳神のご利益をいただく開運アクション

「しきたりに沿って正しく神さまに感謝を」

時代の流れにより、お正月の行事もかなり簡易になってきていますが、できるだけ昔からのしきたりに沿って、正しく行うことが大切になります。

特に重要なのはお供え、そしてお祈りです。おせち料理やお酒、鏡もちなどと一緒に、ご先祖さまが生前好きだった食べ物などを仏壇に供え、家族そろって「今年も一年よろしくお願いします」とお祈りをしましょう。仏壇がない場合は、家の東方位にお供えを置いて行ってください。

お供えを簡略化する家庭も多いかもしれませんが、少なくとも鏡もちは「神さまにお供えをする」という真摯な思いを持ち、きちんとお餅でつくられた、丸くて大きなものを飾りましょう。鏡もち＝お金ですから、特に金運のご利益を得たい場合は特に重要になります。大きな鏡もちを飾るほど、大きなお年玉をいただけるのです。

2月以降に開運アクションを行う場合は、ご先祖さまの好物とともに生花を飾るといいでしょう。

❖御歳神のご利益がいただけるオススメ神社仏閣

「大歳御祖神社（静岡県）」

オススメは静岡県にある大歳御祖神社ですが、参拝が難しければお正月の儀式をしっかり行うといいでしょう。

❖オススメ神社仏閣を訪れる際の開運アクション

お正月の神さまですから、やはり1月1日〜3日の間に訪れるのがいちばんの開運アクションとなります。あるいは、旧正月の月である2月1日〜3日の間でもＯＫです。

どちらも都合がつかなかったり遠方だったりする場合が多いと思いますが、もし参拝ができた場合は、個人の願いごとというよりは「御歳神さま、今年もよろしくお願いします」とご挨拶をする方がいいでしょう。

02

ウカノミタマ

（宇迦之御魂神／五穀豊穣・金運向上）

神さまからのお言葉：

訳：「人脈が増え、プレゼントが増えます」

日本人に必要不可欠な食材であるお米。その神さまと親しくなれば、一生衣食住には困りません。人と人とのつながりも強くなり、人脈が増えプレゼントをいただくことも増えていきます。

❖どんな神さま？

「お稲荷さん」と呼ばれ親しまれている、とても身近な神さま。お稲荷さん＝狐というイメージが強いですが、狐は稲の神さまの使いであり、正確にはお米の神さまです。

昔、お米はお金と同じような役割をしていたため、現代ではお金の神さまに変化しました。また商売の神さまでもあり、私たちが現実に生きていくための力を得る手助けもしてくれます。

この神さまと親しくしておけば、衣食住に困ることはありません。人脈も広がり、人からのプレゼントも増えていくでしょう。

❖ウカノミタマのご利益を得やすい時期

もっともご利益を得られるのは、新米が出回る9月～12月頃です。この間にお願いをすることで、その年一年間のご利益をいただけます。

❖ウカノミタマのご利益をいただく開運アクション

「一日一杯、炊き立てご飯のお供えを」

お米の神さまですから、やはりお米（ご飯）をお供えするのがいいでしょう。ご飯を炊いたら、自分が食べるよりも先に一杯よそい、東に向けて置くようにしてください。

そして、日々の糧に感謝しながら「豊かな生活ができますように」と祈ることで、衣食住に困ることなく生活ができるようになります。また、人脈が広がるとともに他人からのプレゼントも増え、足りないものを補えるでしょう。

開運アクションを行うのは、日中であればいつでもかまいません。祈りを終えた後のご飯は、そのまま食べてしまって大丈夫です。

❖ウカノミタマのご利益がいただけるオススメ神社仏閣

「伏見稲荷大社（京都府）」「稲荷神社（全国各地）」

稲荷神社の総本宮である伏見稲荷がオススメですが、自宅近くに稲荷神社があれば、そちらに参拝するといいでしょう。

❖オススメ神社仏閣を訪れる際の開運アクション

参拝する際は、神社にいらっしゃるお稲荷さまを見て「衣食住の足りた豊かな生活ができますように」と願いましょう。すべてのお稲荷さまに向き合い、しっかりお顔を見ながらお願いごとをするのがポイントです。

1

Q 金運を上げるために、富士山に登ろうと思います。注意点はありますか？

A 富士山は登る山ではありません。「遥拝（ようはい）」の山です。

富士山に登ろうと、世界中からおおぜいの人が詰めかけています。登山道は渋滞し、事故も多発。環境破壊も懸念されていますね。

しかし、これらの問題の前に、前提が間違っています。富士山は登る山ではありません。遠くから拝みたてまつる「神山」です。

昔の富士山は、今よりもっととんがっていました。葛飾北斎が描いた富士山と今の富士山を見比べてみると、よくわかります。富士山の登山が一般的になってから、山は削られ続けています。富士山の力もまた、削られているのです。

富士山から金運パワーをいただくなら、遠くから拝めば充分。近づいていいのは、5合目くらいまでです。

03

ニギハヤヒ

（邇芸速日命／金運向上・仕事運向上）

神さまからのお言葉：

訳：「成功するかどうかは名前で決まる」

名前はその人や物を表す大事なもの。どんな名前を選ぶかによって、人生や物事の行き先が大きく変わります。成功へと導かれる名前をつけ、それを口に出すことで、人や物事が繁栄していくのです。

❖どんな神さま?

日本の国の名付け親とされる神さまです。神代の昔、ある土地を見下ろして「この国は日本と名付ける」と決め、降り立ったのがニギハヤヒとされています。

物事が成功するかどうかは、名前が大きく関わってくるといいます。子どもや会社などの名付けをする際にこの神さまに頼れば、物事が繁栄するために最も相応しい名前を授かることができるでしょう。

❖ニギハヤヒのご利益を得やすい時期

季節や時期に関係なく、何かに名前を付ける必要がある時にお願いすることでご利益をいただけます。

❖ニギハヤヒのご利益をいただく開運アクション

「名前を付ける時には私の名を唱えなさい」

子どもや会社名など、何かの名前を考える際に「ニギハヤヒ、ニギハヤヒ、ニギハヤヒ」と3回唱えてください。そうすることで、直感的にいちばん良い名前が頭に浮かんできます。その名前を付ければ、人生や物事が良い方向へと進んでいくでしょう。

❖ニギハヤヒのご利益がいただけるオススメ神社仏閣

「石切劔箭神社（大阪府）」「籠神社（京都府）」

どちらの神社も、ニギハヤヒの強いパワーを感じます。

❖オススメ神社仏閣を訪れる際の開運アクション

事前につけたい名前の候補を考えて、いくつかに絞っておいてください。そして、参拝する時にその候補を神さまに伝え「良い名前をください」とお願いするといいでしょう。

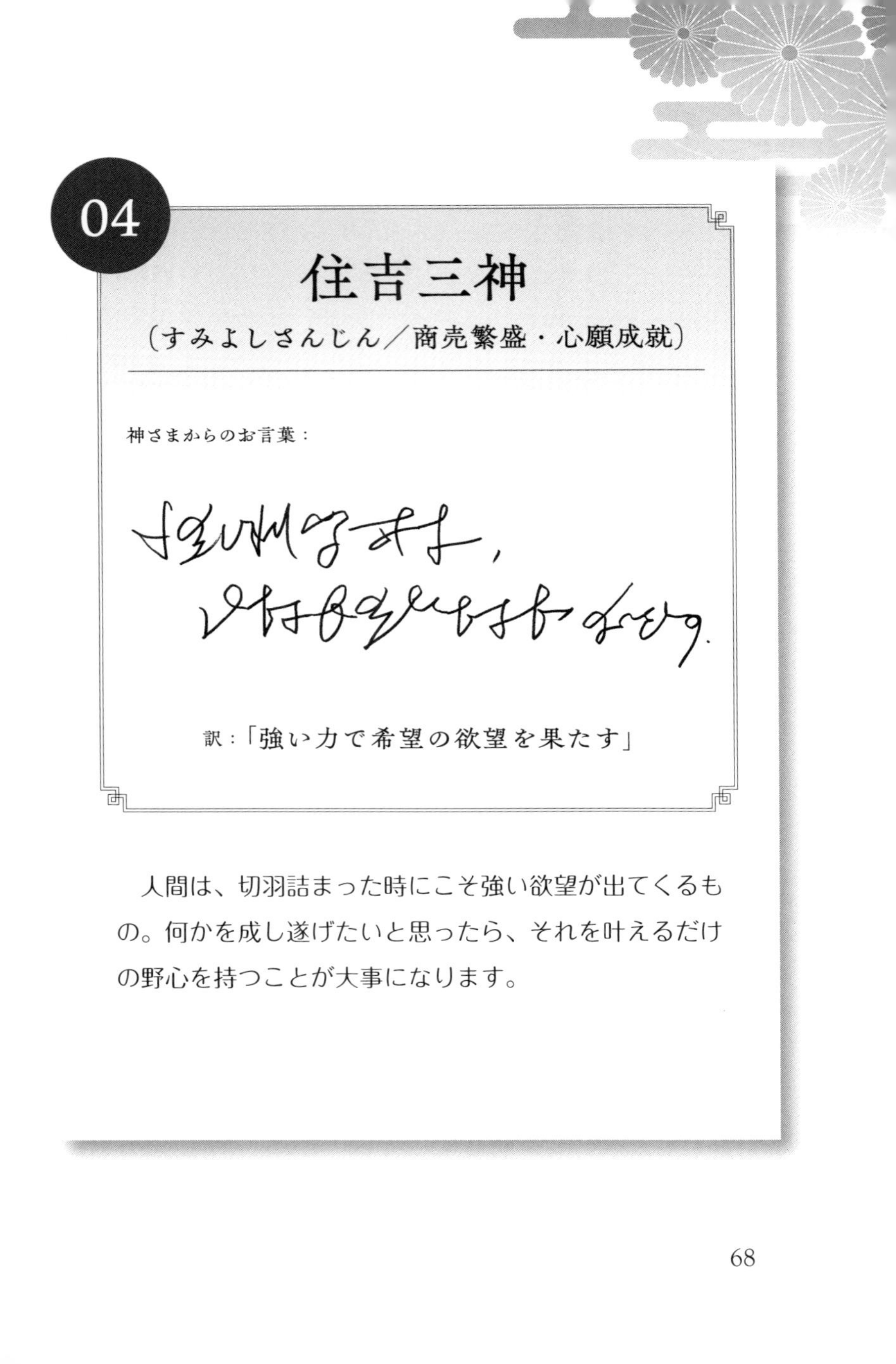

04

住吉三神

（すみよしさんじん／商売繁盛・心願成就）

神さまからのお言葉：

訳：「強い力で希望の欲望を果たす」

人間は、切羽詰まった時にこそ強い欲望が出てくるもの。何かを成し遂げたいと思ったら、それを叶えるだけの野心を持つことが大事になります。

❖どんな神さま？

『日本書紀』に登場する底筒男（そこつつのお）、中筒男（なかつつのお）、表筒男（うわつつのお）という三人兄弟の神さまです。腕っぷしは強いですが、欲張りでケチな性格と記されています。

ただその分、何にでも挑戦する豪胆さがあるので、切羽詰まった時には、この強い欲求や欲望で有無を言わさず解決していく力があります。

「明日までにお金が欲しい」「急遽これをしなければいけない」などの土壇場の際に、力を合わせて願いを叶えてくれるでしょう。

❖住吉三神のご利益を得やすい時期

季節や時期に関係なく、人生で切羽詰まった時、どうしても叶えたい欲望がある時にお願いすることでご利益をいただけます。

❖住吉三神のご利益をいただく開運アクション

「『こうなりたい』という、強い願いを持ちなさい」

何かを成し遂げるには「こうなりたい」という強い願いを持ち、欲望をかなえる野心を持つことが何よりも大切になります。寝る前に自分が成功した姿を具体的にイメージしながら住吉三神に祈り、次の日は自分のできる範囲で行動をしましょう。そうすることで、願いが現実になっていきます。

❖住吉三神のご利益がいただけるオススメ神社仏閣

「住吉大社（大阪府）」「住吉神社（福岡県）」

住吉大社は全国の住吉神社の総本社ですが、どちらの神社も住吉三神の強いパワーを感じることができます。

❖オススメ神社仏閣を訪れる際の開運アクション

参拝時は、とにかく「自分はこうなりたい」という具体的なイメージで強く願うことが大切です。強く祈れば祈るほど、願いが届きやすくなります。

05

アマテラス

（天照大御神（あまてらすおおみかみ）／五穀豊穣・身体健全）

神さまからのお言葉：

訳：「自分の存在を悪く思わず、生まれてきたことに感謝を」

　太陽の光は、すべての人々を平等に照らします。その恩恵を受け、日々の生活や自分自身の存在に感謝すること。それが心の豊かさをもたらし、ひいては物質的な豊かさにもつながっていきます。

❖どんな神さま？

日本の神さまにおける最高神であり、天皇家の祖とされる神です。日本の神社の中でも最も聖域とされる、伊勢神宮内宮にいらっしゃいます。

太陽の光は皆平等に照らし、その恩恵を受けて真心が生まれます。日頃の生活の営みに感謝し、自分の存在に感謝すること。それこそが、何よりも自分自身を豊かにしていくでしょう。

自分の存在を悪く思わず、「生きることこそ嬉しい」「生きていて良かった」という気持ちを持つことが、巡り巡ってお金につながっていきます。

❈アマテラスのご利益を得やすい時期

季節や時期に関係なく、自身の生活環境を整え、物質的にも精神的にも豊かになりたい時にお願いするといいでしょう。

❈アマテラスのご利益をいただく開運アクション

「朝に太陽の光を浴び、生きる喜びと自分の存在に感謝を」

朝起きたらまずは窓を開け、太陽の光を浴びながら生きる喜びと自分の存在に感謝しましょう。そうすることで、物質的にも精神的にも豊かさが増していきます。金運も良くなり、お金が自然と入ってくるようになるでしょう。

加えて、東の位置にコップ一杯の水（水道水でＯＫ）をお供えしてください。仏壇や神棚があれば、そこに置くのでもかまいません。一日置いたら、コップの水は捨ててしまって大丈夫です。

❖アマテラスのご利益がいただけるオススメ神社仏閣

「伊勢神宮（三重県）」「神明神社（全国各地）」

やはり日本の神社の総本山である伊勢神宮に参拝するのがオススメですが、近くの神明神社に参拝をするのもご利益をいただけます。

❖オススメ神社仏閣を訪れる際の開運アクション

参拝する時は「自分の存在を豊かにしてください」と祈るといいでしょう。生活が整い、人間が生きるための自然なリズムに戻ることができます。

特に昼夜逆転の生活など不摂生をしていたり、自分自身を否定してついネガティブに考えてしまったりする人は、ぜひ訪れてください。

瀧天貴が聞く、金財華さまからのメッセージ 2

Q　コロナ禍でお金に苦労しました。金財華さまはなぜこんな試練を与えたのでしょう。

A　お金に対する卑しい気持ちを流すためです。

コロナ禍により、病原菌やウイルスが経済、つまりお金の動きを止めることがあるということがわかりました。

大きな流れの中にある金運勢という角度からコロナ禍を見てみると、この禍によって人間がお金に抱く卑しい心があぶり出され、さらにそれが洗い流されたということができます。金財華さま、ひいては宇宙の神さまがデトックスしてくれたのです。

コロナ禍を境に、お金に対する意識が変わったでしょう？　真剣に向き合うようになったはず。この気持ちを忘れないようにしましょう。使うべき時にしっかり使うこと。そして、いたずらにお金を欲しがってはいけないのです。

06

コトシロヌシ

（事代主神／商売繁盛・金運向上）

神さまからのお言葉：

訳：「口を大きく見せれば、お金が入ってきます」

人間の口は財布。身体の半分が口であるワニのように、常に大きく口を開けていることでより一層お金の入りが良くなり、貯まっていきます。

❖どんな神さま？

日本の広大で豊かな土地を司る、地主の神さまです。天皇家が代々信仰されている神さまでもあります。

天皇家が所有していた土地は時代とともに武家に譲られてきましたが、かつての土地には沼地があり、たくさんのワニが住みついていました。このワニが土地の主となり、のちに利益をもたらすものの象徴となったのです。財布にワニ革が使われることが多いのも、この由来からきています。

現在でも、大きな土地を持っている人にはコトシロヌシの神さまがついていますね。

❈コトシロヌシのご利益を得やすい時期

季節や時期に関係なく、商売をうまくいかせたい時、あるいは自分の財布に金運を呼び込みたい時にお願いすることでご利益を得られます。

❈コトシロヌシのご利益をいただく開運アクション

「ワニのように、口を大きく開けなさい」

ワニは、口の部分が身体の半分ほど占める動物。そして人相学からすると、人間の口は財布にあたります。

お金をはじめ、この世界の良いものはすべて口から入ってくるため、口が大きい方がコトシロヌシのご利益をより多く受けることができる＝お金持ちになれるのです。

普段から口を開ける練習をしたり、口紅やリップクリームを塗る時にはみ出るように塗ったりして、できるだけ口を大きく見せるよう意識するといいでしょう。そうすることで口＝財布の中に運が舞い込みやすくなり、お金も入ってくるようになります。

❖コトシロヌシのご利益がいただけるオススメ神社仏閣

「鴨都波神社（奈良県）」「美保神社（島根県）」

どちらの神社も、コトシロヌシの強いパワーを感じます。

❖オススメ神社仏閣を訪れる際の開運アクション

自分が持っている中でいちばん大きな財布を用意し、中に5円玉を入れて参拝しましょう。

財布はお金の受け皿ですから、大きいものほどたくさんのお金を受けとめることができます。コンパクト財布や二つ折りの財布よりも、長財布があればそちらの方がオススメです。

できれば、日頃も長財布を使うようにするといいでしょう。

Q 地球レベルでの災害が、金運どころではないほどに人間を打ちのめします。どうすればいいのでしょう。

A 災害は止めようがありません。まずは地球の現状を認識して。

現在、地球は人間でいうところの中年期にあたります。活動的になったり止まったり、体調に波がある不安定な状態です。なぜ不安定なのかというと、人間が痛めつけているから。そして地球が不安定だと、人間も不安定に……そんな悪循環が始まっています。さまざまな災害も、この悪循環の一環です。宇宙を支配する王族が話し合って決めていることで、もう止めようがない、しかたのないことだと金財華さまはおっしゃっています。

では、どうしたらいいのか。まずは、地球がこういう状態であることを認識すべきです。何も考えずに行動するのをやめ、地球をいたわるところから始めましょう。

07

八幡神

（はちまんしん／仕事運向上・事業繁栄・立身出世）

神さまからのお言葉：

訳：「本当に困った時、私に頼りなさい」

本当に困った時、どうにも身動きできない時は、優れた知能を持った神さまに一筋に頼りましょう。斬新なアイディアと計算力、そして鋭い直感力により、窮地を乗り越えることができます。

どんな神さま?

「八幡大菩薩（はちまんだいぼさつ）」とも呼ばれる、日本で最もたくさんお祀りされている神さまです。日本には数多くの神社がありますが、いちばん多いのは八幡神社となります。

八幡神とは応神天皇のことで、頭の回転が速く優れた知能を持つことが特徴です。事業のアイディアを出すことや利益の計算に長けている上、鋭い直感力も持ち合わせています。

本当に困っている時、身動きができない時は、この神さまに頼るといいでしょう。

八幡神のご利益を得やすい時期

季節や時期に関係なく、仕事や事業において万策尽き果てて動けない、本当に困った時にお願いをしましょう。また、長年ポジションが変わらない時、副業に力を入れたい時などもご利益をいただけます。

❖八幡神のご利益をいただく開運アクション

「どうしようもなく困った時の駆け込み寺に」

八幡神をお祀りしている神社が全国各地にあるのは、すぐに頼れる駆け込み寺としての役割も担っているからです。事業の失敗などで困った時は、何はなくとも一筋にこの神さまに頼るといいでしょう。

❖八幡神のご利益がいただけるオススメ神社仏閣

「鶴岡八幡宮（神奈川県）」「石清水八幡宮（京都府）」

どちらも「日本三大八幡宮」に名を連ねる、八幡神さまの霊験あらたかな神社です。

❖オススメ神社仏閣を訪れる際の開運アクション

オススメ神社を訪れるのもいいですが、難しい場合は近くの八幡宮を探してお参りをしましょう。その場合はできれば毎朝、とにかく必死に祈ることが大事なポイントになります。

08

オオクニヌシ

（大国主神／仕事運向上・立身出世）

神さまからのお言葉：

訳：「愛されたいなら、まずは愛情を与えなさい」

一方的に愛されたいと思うだけでは、人にもお金にも恵まれません。すべての良縁は、自分がまず愛情を与えるところからが出発となります。そうして親切の輪を広げていくことで初めて人に愛され、幸運が巡ってくるのです。

❖どんな神さま？

強い一念で日本を創り上げたという、とても優しい神さまです。「おもてなし」の文化に見られるように、日本人が元々親切な国民性を持っていると言われるのも、この神さまの影響があるように感じます。誰に対しても誠実に接することでその輪が光となり、大きな運を得ることができるでしょう。

ただ愛されたいと願うだけではなく、自分から相手に愛情を与えるように心がけることが大切になります。

❖オオクニヌシのご利益を得やすい時期

人の気持ちに関わる神さまであるため、季節や時期に関係なくお願いすることができますが、ご利益はその人の心がけ次第と言えるでしょう。

❈オオクニヌシのご利益をいただく開運アクション

「まずは自分から愛することで、お金も回っていく」

オオクニヌシは優しく誠実な神さまですから、同じように周囲に対して親切にすることでご利益を授かることができます。愛されたいと一方的に願うだけの人には、残念ながら運は巡ってこないでしょう。

友人知人や職場の人たち、家族だけでなく、電車やバスでお年寄りに席を譲ったり、その場に落ちているゴミを拾ったりするのでもいいのです。自ら周囲と関わりを持って愛を与えていけば、その力がいずれ大きなエネルギーとなってお金につながっていきます。

❖オオクニヌシのご利益がいただけるオススメ神社仏閣

「出雲大社（島根県）」「出雲大神宮（京都府）」

やはり有名な出雲大社がオススメですが、京都の出雲大神宮でも、特にオオクニヌシの強いパワーを感じることができます。

❖オススメ神社仏閣を訪れる際の開運アクション

お金も人と同じで、お金に愛されたいなら、お金を大切にしなければなりません。

神社を訪れたら、絵馬に「自分のお金に対する欠点」を書いて収めるといいでしょう。たとえば、つい欲しい物を考えずに買ってしまうなら「無駄遣いをしない」「衝動買いをしない」など、気が大きくなって気前が良くなりやすいなら「むやみに人におごらない」などです。そうすることでお金との正しい付き合い方が身につき、お金に愛されるようになるでしょう。

瀧天貴が聞く、金財華さまからのメッセージ

4

Q 欲しいと思って買っても、消費しきれずについゴミ箱へ。仕事でも売れ残ったものは処分しなければならなくて、むなしいです。金運が下がりませんか？

A 下がります。

なぜ、せっかく買ったものをゴミにしているのでしょうか？　美味しくないから、使わないから、すぐダメになるからではありませんか？　使う側は良いものを選び、作る側は値段を上げてでも良いものをつくるべき。

そうなると、生産量が少なくなるでしょう。それでいいのです。少しのものをみんなで、大事に使うべきなのです。これができる人たちは、お金持ちになります。とはいえ、不景気だからという声も聞こえてきます。不景気の理由は、安いものを身に着けるからです。良いものを選びましょう。女性の場合は、華やかなものを選ぶことです。

09

宗像三女神

（むなかたさんじょしん／仕事運向上・商売繁盛）

神さまからのお言葉：

訳：「水はすべての源。人を潤し、お金を潤します」

この世のものはすべて水から生まれています。身近に水があることに感謝し、つねに側に置くことで人やお金をはじめ、あらゆるものが潤っていくのです。

❖どんな神さま？

玄界灘の神・海上交通の神として知られる、水の流れの中で育った神さまです。

古来より、世界とつながる通路として機能してきた海。今でこそ新たな交通手段ができましたが、昔は新しい物や知識、人、情報などはぜんぶ海の向こうからやってきていました。

世界各国を自由に行き来できる宗像三女神。海上を行き交うすべてのものを結びつけ、人々の交流を活発にして生活に豊かさをもたらしています。コミュニケーションの向上により、仕事運や金運のご利益をいただけるでしょう。

❖宗像三女神のご利益を得やすい時期

春、夏、冬は海が荒れているため、波が穏やかになる秋頃に活発に動かれます。お願いをするなら、9月〜11月が最もご利益をいただけるでしょう。

❖宗像三女神のご利益をいただく開運アクション

「家の中にコップ一杯の潤いを」

朝、家の中の東側にコップ一杯の水を置き、お願いをしましょう。この水が、宗像三女神に捧げる潤いの水となります。溜めた水を一日置いておくことで、あらゆる物事に潤いが生じるのです。コップの中の水を目指して、良い人やお金が自ら飛び込んできてくれるでしょう。

コップは何でも構いませんが、専用のものを用意してください。夜になったら、水は捨ててしまって大丈夫です。

❖宗像三女神のご利益がいただけるオススメ神社仏閣

「宗像大社（福岡県）」「厳島神社（広島県）」

いちばんのオススメは、宗像三女神降臨の地とされる宗像大社。とても強い運気がいただけます。また、今や世界遺産となった厳島神社に参拝されるのもいいでしょう。

❖オススメ神社仏閣を訪れる際の開運アクション

「宗像三女神」はその名の通り、3柱の女神さまです。三女神はそれぞれ違う役割を持っており、お願いした時のご利益も少しずつ異なります。

長女の田心姫（たごりひめ）は、すべてを支配してまとめ、指示を出すことに長けています。信号のように、物事に「ゴーサイン」を出す神さまです。重要な契約や大きな買い物など、大金が動く時に頼りにするといいでしょう。

次女の湍津姫（たぎつひめ）は、情報を司ります。多くの情報がある中で、どう動けば成功できるかを教えてくれるでしょう。また、詐欺などにあわないよう、事が動く前に情報を集める力もいただけます。

三女の市杵島姫（いちきしまひめ）は、物事を決定する力を持つ神さまです。人間は日々知らず知らずのうちに決断をしているため、決める力がなければ前に進みません。

良い決断、正しい決断をしたい時にパワーをいただけます。

参拝時には、自分の大事なモノ（時計やアクセサリーなど身に着けられるものがベスト）を３つ持参しましょう。そしてその３つに、それぞれ女神さまのお名前を付けてください。名付けのルールは特になく、その時の気分で付けてかまいません。

ご利益をいただきたい時に、そのお力を持った女神さまの名前を付けたモノを着けることで、大きなバックアップを得られます。たとえば、田心姫のお力添えが欲しければ、参拝時に「田心姫」と名を付けたモノを身に着けてお願いするといいでしょう。

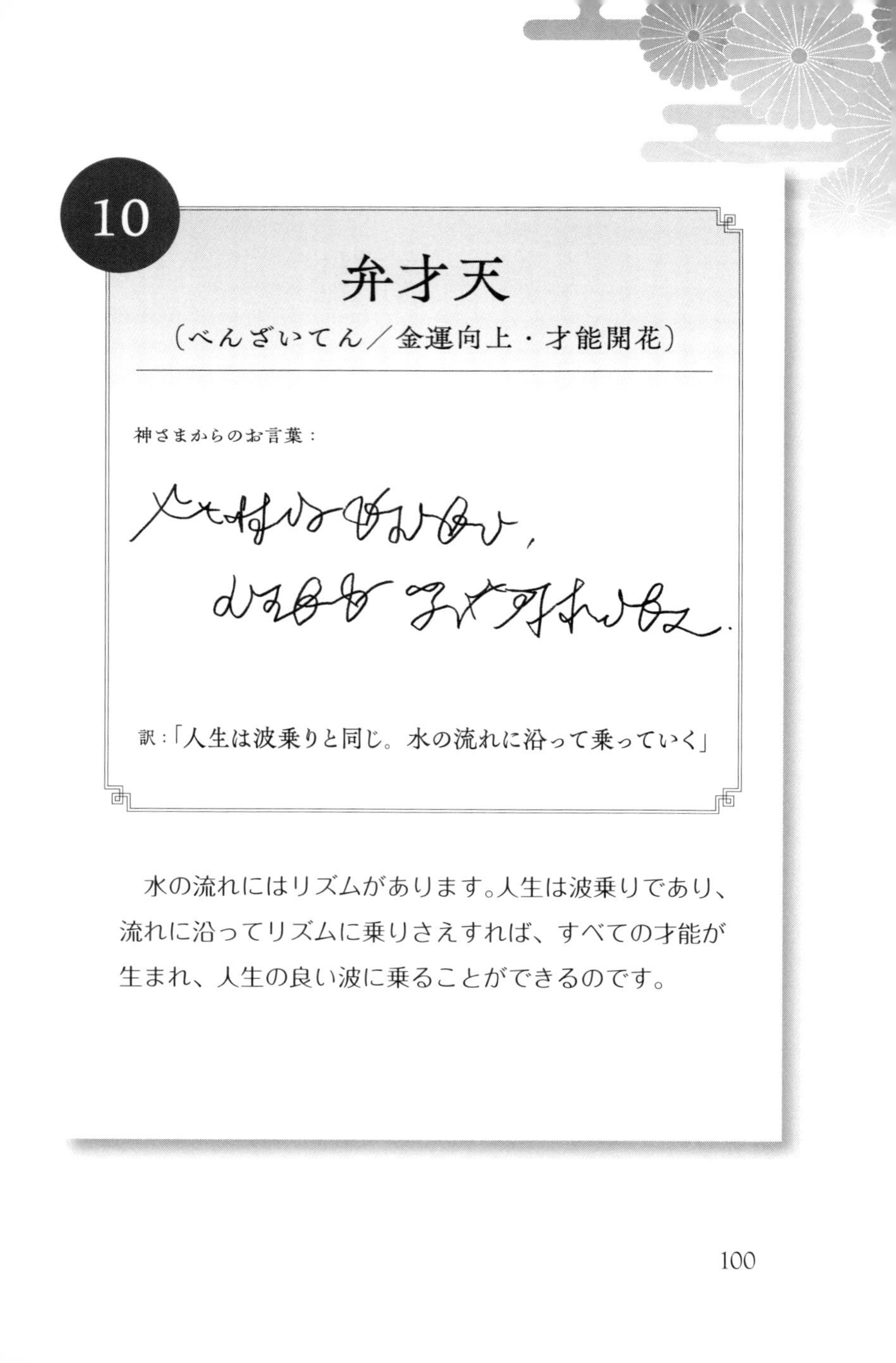

10

弁才天

（べんざいてん／金運向上・才能開花）

神さまからのお言葉：

訳：「人生は波乗りと同じ。水の流れに沿って乗っていく」

水の流れにはリズムがあります。人生は波乗りであり、流れに沿ってリズムに乗りさえすれば、すべての才能が生まれ、人生の良い波に乗ることができるのです。

❖どんな神さま？

弁財天といえば七福神の中の女神さまとして有名ですが、同時に水の神さまでもあります。ヒンドゥー教の水と豊穣の女神「サラスヴァーティー」が仏教に取り込まれた後、さらに日本の神仏習合により宗像三女神の市杵島姫と合わさり、同一視された形です。

水の上で琵琶を弾く姿が美しい弁財天さまですが、水の流れは音となり響き、音楽のリズムとなって大きな波になります。この波に乗ることで才能が発揮され、そこにお金が生まれていくでしょう。

❖弁才天のご利益を得やすい時期

季節や時期に関係なく、自身の才能を発揮して金運を上げたい時にお願いするといいでしょう。芸事の神さまで有名ですが、芸で身を立てている人はもちろん、すべての人にご利益があります。

❖弁才天のご利益をいただく開運アクション

5円玉と赤白1本ずつの糸を用意し、5円玉の穴に糸を2本とも通して結びます。それを一旦、自分のお財布の中に入れてください。そして「困っているので、お金をください」とお願いしながら5円玉を取り出し、5回財布に出し入れしましょう。

このアクションをすることでお金のご縁が増え、手元に来たお金がさらにお金を呼ぶことになります。

❖弁才天のご利益がいただけるオススメ神社仏閣

「天河大辦財天社（てんかわだいべんざいてんしゃ）（奈良県）」

弁財天さまの純粋なパワーをいただける、霊験あらたかな神社です。

❖オススメ神社仏閣を訪れる際の開運アクション

弁財天さまに対しては、とにかく気を使わなければなりません。参拝をする際は「きれいですね」「美しいですね」と声をかけ、ご機嫌を伺いながら願いごとをするようにしてください。また、嫉妬深い神さまでもありますから、訪れる時はカップルで行かない方がいいでしょう。

加えて、女神さまは汚いものや臭いものが嫌いです。参拝時には扇子を持参し、その場を仰いで汚いものを払ってから祈るようにすると、よりお願いを聞き入れていただきやすくなるでしょう。

Q 戦争のニュースが多く、胸が痛みます。世界中の金運が下がっているのではないでしょうか。

A もちろん、下がっています。

戦争は、人間の欲が根源です。土地と名誉への執着であり、自分の国が優れていることを強調したいだけ。経済への影響も大きいですね。遠い国のことではなく、日本人個人の金運にも影響しています。

戦争を止めるためには、政治家がきちんと話し合いをすればいいのです。一市民も同じです。身近な人と話し合い、一緒に行動する。これが大きな動きとなり、いずれ戦争を止めるでしょう。金運の流れも戻っていくはずです。

ちなみに、地球で戦争が起こるのは、宇宙でも星同士で戦争が起こっているから。地球と宇宙は裏表なのです。

11

オオモノヌシ

（大物主神／金運向上・商売繁盛）

神さまからのお言葉：

訳：「毒を変じて薬とする」

人間には欲があり、その欲が元で窮地に陥ることがあります。しかし神さまに頼り、新たな人間の欲望の溝を広げることで、まるで毒蛇の毒を良薬に変えるようにピンチから成功へと導かれるのです。

❖どんな神さま？

太古の昔、日本の危機となるほどの疫病を追い払ったのがオオモノヌシです。この神さまを愛することによって感染病から救われ、まるで毒蛇を良薬にするようにピンチを成功に変えることができます。

また、人間には欲がありますが、その欲望を深く広げていけば、物事を達成するための強い力を授けてくれるでしょう。投資や詐欺などで騙されやすい人、借金で首が回らなくなった人などは、オオモノヌシを頼ってみてください。

❖オオモノヌシのご利益を得やすい時期

季節や時期に関係なく、金銭面において「人生のピンチだ」という時にお願いすることでご利益をいただけます。

❖オオモノヌシのご利益をいただく開運アクション

「オオモノヌシの使いである蛇を身近に」

蛇はお金と縁が深い上、身体をねじって良いものを集めながら進んでいく生き物です。いちばんいいのはペットとして飼うことですが、開運アクションとしては東の位置に蛇の置物を飾って祈るのがいいでしょう。

置物は、自分が気に入ったものであればOKです。用意できない場合は蛇の写真やイラスト、スマホの画像、自分で描いた絵などでもかまいません。

❖オオモノヌシのご利益がいただけるオススメ神社仏閣

「金刀比羅神社（全国各地）」

自宅近くの金刀比羅神社にお参りすることで、ご利益をいただけます。

❖オススメ神社仏閣を訪れる際の開運アクション

参拝すればするほど運をいただけますが、毎月11日はもちろん、少なくとも一週間に1回はお参りしてください。その際は置物やアクセサリーなど、蛇をかたどった何かを持参するのがオススメです。帰宅したら、家の暗くて静かな場所に置いてください。

12

タマノオヤ

（玉祖命（たまのおやのみこと）／金運向上・商売繁盛）

神さまからのお言葉：

訳：「素敵なものを身に着けることで、
輝きが生まれ運が拓ける」

素敵なものは、その人の心を穏やかにします。また、他人から「素敵」と思われることで相手も自分も喜びを感じ、生活や考え方、そして運気が向上していくでしょう。

❖どんな神さま？

地味ですが、派手なことが好きな宝石の神さまです。三種の神器のひとつである翡翠（ひすい）の勾玉「八尺瓊勾玉（やさかにのまがたま）」を創りました。

集めた石や宝石から出るパワーを取り込んだ、魔除けのご利益をいただけます。ひとつでもいいので素敵な玉（宝石）を身に着けることで、良い人だけが周りに集まってくるでしょう。

❖タマノオヤのご利益を得やすい時期

季節や時期に関係なく、今よりも上質な生活を望む時にお願いすることでご利益をいただけます。

❖タマノオヤのご利益をいただく開運アクション

「素敵なものを身に着ければ、輝きが生まれ運が拓ける」

宝石のように素敵なものを身に着ければ、それが喜びとなって生活が豊かになる……そんな考えを持ち、お気に入りの上質なモノを一日身に着けましょう。そうすることで心に輝きが生まれ、幸せが生まれていきます。神さまからよく見えるように、キラキラしたものを選んでください。

身に着けることが難しい場合は、カバンの中などに入れておいてもいいでしょう。

❖タマノオヤのご利益がいただけるオススメ神社仏閣

「玉祖神社（山口県）」「玉作湯神社（島根県）」

玉作湯神社は温泉地にある恋愛祈願の神社としても有名ですが、どちらも強い運気を感じます。

❖オススメ神社仏閣を訪れる際の開運アクション

参拝時には、日常的に身に着けられるキラキラしたモノを持っていきましょう。お参りすることで浄化されるとともに、より運気が上がっていきます。

13

エビス

恵比寿神／（商売繁盛・身体健全）

神さまからのお言葉：

訳：「笑う響きが幸運を呼びます」

笑うことは福を得ること、身体に福を入れることにつながります。悲しくても悔しくても、泣かずに笑っていましょう。笑っていたら、必ずいいことが起こるのですから。

❖どんな神さま?

ヒルコ(蛭子神(ひるこがみ))とも呼ばれ、商売繁盛の神・福の神として有名です。一般的には明るいイメージのあるエビスですが、日本神話の中では船に乗せられて流されるという不幸な出来事が起きます。その後、エビスは兵庫県の西宮に漂着し、民衆によって創建された西宮神社に祀られました。

そのような経験が転じて、のちに「不幸が起きても笑い続ける神」「一般庶民の幸せを願う神」となったといいます。

❖エビスのご利益を得やすい時期

季節や時期に関係なく、商売などで金運や福運を得たい時にご利益をいただけます。また、子どもが生まれた際にもお願いをするといいでしょう。

❖エビスのご利益をいただく開運アクション

「『福の神として生きます』という誓いを立てて」

商売には笑顔が欠かせません。ブスッとしていては、お客さんも逃げていってしまいます。笑うことは福を得ることと同じですから、まずは「福の神として生きます」と誓いを立て、その日一日はいつも笑っているように意識しましょう。たとえ不幸が起きても、笑い続けていれば後に必ず良いことが起こるはずです。

❖エビスのご利益がいただけるオススメ神社仏閣

「西宮神社（兵庫県）」「恵比須／恵比寿神社（全国各地）」

いちばんのオススメは総本社である西宮神社ですが、近くにある恵比寿（恵比寿）神社に参拝してもご利益がいただけます。

❖オススメ神社仏閣を訪れる際の開運アクション

とにかく笑顔でいることが重要です。参拝時は、終始ニコニコしていましょう。また、子どもは財に通じる存在ですから、子どもが生まれたらなるべく一カ月以内、遅くても一年後までには参拝するようにしてください。

14

ヤマトタケル

（日本武尊／商売繁盛・立身出世）

神さまからのお言葉：

訳：「頑張っている人に寄り添い、新たな道をつくります」

お金も地位も愛も失ってどん底に落ちた時は、どんな状態の人にも快く力を貸してくれる神さまを頼りましょう。死ぬ気で頑張れる力をくれるとともに、別の新たな道をつくってくれます。

❖どんな神さま？

ヤマタノオロチ伝説をはじめ、数々の武勇伝を持つ神さまです。その戦いぶりは、古代日本最大のヒーローとも言えるでしょう。

そんなヤマトタケルからは、社会的な地位を得られるというご利益をいただけます。特に愛も財もなく、すべてがどん底……という人たちに対しては、快く力を貸してくれるはず。必死に頑張っていく覚悟を持ってお願いをすることで、これまでとは違う新たな道筋をつくってくれます。

❖ヤマトタケルのご利益を得やすい時期

季節や時期に関係なく、人生において底を味わった時に、救いを求めてお願いするといいでしょう。

❖ヤマトタケルのご利益をいただく開運アクション

「常に出発する心でいることが大事」

どん底に落ちている時は何もする気力が起きないかもしれませんが、気持ちを切り替えて前向きに頑張ることで、ヤマトタケルが寄り添ってくれます。自分自身を奮い立たせ、新たに出発する心で粘り強く物事を進める決意をしましょう。そうすればこれまでとは別の道がつくられていき、やがて自分の力をおおいに発揮できるようになるでしょう。

❖ヤマトタケルのご利益がいただけるオススメ神社仏閣

「熱田神宮（愛知県）」「三峯神社（埼玉県）」「花園神社（東京都）」

熱田神宮は日本武尊伝説で有名な「草薙剣」を含む「三種の神器」を御祭神としています。他の二社も日本武尊と縁のある由緒正しい神社であり、それぞれに強い運気をいただけるでしょう。

❖オススメ神社仏閣を訪れる際の開運アクション

後ろを振り返らず「いくぞ！」という気持ちで、覚悟を決めて参拝に臨んでください。そうすることで、どん底の時に必死に頑張ることのできる力をいただけます。

オススメ神社を訪れるのが難しければ、近くのヤマトタケルをお祀りしている神社に何度もお参りするといいでしょう。

瀧天貴が聞く、金財華さまからのメッセージ　6

Q 物価高へどう抵抗したらいいでしょうか。

A 物価高は金財華さまからの試練です。

日本国内にモノはあふれているのですが、必要なところに必要なモノがありません。アメリカに要求されて生産して、国内の必要なところには回らずに外国に売っている、なんてモノもあります。需要と供給のアンバランスさが物価に影響し、物価高の部分が目立って見えているのです。

「悪いのは政治家です。これに気づいてほしい」と、金財華さまは日本人に訴えかけていらっしゃいます。

しかし、日本人は鈍くて気づかない、動かない。気づいてほしいという金財華さまの働きかけの一環こそが、物価高です。試練であるとともに、「社会システムを自ら考え、政治家をきちんと選びましょう」というメッセージなのです。

15

コノハナサクヤヒメ

（木花之佐久夜毘売（このはなのさくやびめ）／金運向上・事業繁栄）

神さまからのお言葉：

訳：「愛情が深まれば、すべて良い気になる」

財は男女の気の出し合いによって生まれます。カップルや夫婦が仲良く過ごし、愛情が深まるほどに気が整い、金運が上昇していくでしょう。

❖どんな神さま?

富士山の女神であり、とてもきれいで皆に好かれています。火のエネルギーが湧き出しており、大変にパワーがある神さまです。

また、男女の気の流れを調整し夫婦円満のご利益をいただけます。夫婦が愛情を持って仲良く過ごすことですべてが良い気になり、金運をはじめ運勢が上昇していくでしょう。

財は男女の気の出し合いによって生まれるもの。男女はもちろん、友人や仕事仲間なども同じです。富士山の良い気を集めることにより、スムーズにお金が回っていきます。

❖コノハナサクヤヒメのご利益を得やすい時期

季節や時期に関係なく、周囲やパートナーとの関係が良くない時、それが原因で金運に悪影響が出ていると思われる時にお願いすることでご利益をいただけます。

❖コノハナサクヤヒメのご利益をいただく開運アクション

「富士山の写真を飾って気を整えて」

コノハナサクヤヒメは男女、つまり陰陽の気の調整をしてくれる神さま。気が整い良い気が生まれれば、自然と利益も生まれます。夫婦やカップルは、富士山の近くのホテルや旅館に一泊し仲良く過ごすと、神さまが喜んで運気が良くなるはず。

自宅では、リビングなど家の中心となる部屋に富士山の写真やイラスト、スマホの画像などを飾り、その前にコップ一杯の水を置くといいでしょう。できればコップの水は朝に置き、夜になったら捨ててしまって大丈夫です。

❖コノハナサクヤヒメのご利益がいただけるオススメ神社仏閣

「富士山本宮浅間大社（静岡県）」「北口本宮冨士浅間神社（山梨県）」

富士山本宮浅間大社は、全国にある浅間神社の総本社。富士登山道の入口にある北口本宮冨士浅間神社も１９００年以上の歴史がある、とても強い運気をいただける神社です。

❖オススメ神社仏閣を訪れる際の開運アクション

富士山の女神ですから、神社を訪れたらそこから富士山を見て「きれいですね」と褒めるといいでしょう。参拝する時は「女神さま、お願いします」と、心で唱えながら祈るようにしてください。

Q 節約ばっかりしています。身も心もすり減って、金運が上がる気がしません。何か明るい道すじが欲しいです。

A 節約自体は悪くありません。

どんなやり方であろうと、節約自体は悪くありません。その人の事情に合った、それぞれの節約方法をすればいいのです。

節約のしすぎで心が荒まないようにするには、節約したことへのごほうびをあげるといいでしょう。ごほうびをあげる相手は、節約でお世話になった人。自分かもしれませんし、身近な誰かかも。

節約することに疲れている場合は、考え方を変えてみて。食べ物なら、賞味期限や消費期限をもっとゆるやかに受け止めてみましょう。なんでも無駄に使わなければ、それは節約です。質の良いものを買って、長く使いましょう。

16

ニニギ

（瓊瓊杵尊〈ににぎのみこと〉／金運向上・商売繁盛）

神さまからのお言葉：

訳：「外見だけでなく、内面をみて判断しなさい」

片目でものを見る人は、相手の外見だけしか見えていません。両目でしっかりと見つめてみれば全体のバランスから内面までを見ることができ、正しい判断ができます。

❖どんな神さま？

アマテラスの孫であり、華やかさがあって活発。美に対するこだわりが強く、永遠の神とされる石長比売（いわながひめ）を娶る際にも容姿が気に入らないとして送り返し、結果的に寿命を縮めてしまいました。

このニニギのように、特に男性は時として片目だけしか見る力がない場合が多いもの。両目でしっかりと現実を見つめられるよう、物事を全体的なバランスを見て判断するためのサポートもしてくれるでしょう。

❖ニニギのご利益を得やすい時期

季節や時期に関係なく、仕事や金銭面においてバランスの取れた正しい判断をしたい時にお願いするといいでしょう。

❖ニニギのご利益をいただく開運アクション

「バランスを重視し、自分の心を鏡に映してみて」

外見だけで判断して心の中を見なければ、多くは失敗してしまうでしょう。物事の片面だけでなく、すべてを知ってから行動することが大切です。

そこで、家の鏡に自分の全身を映し、外見と内面の両方を見直してみてください。今現在の姿を見ることにより、欠点がわかってくるはず。そうして自身を知って改善していくことで正しい判断ができ、お金にもつながっていきます。

❖ニニギのご利益がいただけるオススメ神社仏閣

「箱根神社（神奈川県）」「高千穂神社（宮崎）」

箱根神社は関東総鎮守・運開きの神さまとして有名です。また、天孫降臨したニニギがお祀りされている高千穂神社も、強い運気を感じます。

❖オススメ神社仏閣を訪れる際の開運アクション

参拝をする際、神さまに仕事の話をしてください。叶えたいことがあれば、できるだけ具体的に話すのがオススメです。願い事をする時にパートナーの名前を伝え、取引先の名刺を持参して手に持ちながら祈るといいでしょう。

17

イザナミ・イザナギ

（伊邪那美命・伊邪那岐命／金運向上・事業繁栄）

神さまからのお言葉：

訳：「人と人が仲良くなる種をお渡します」

パートナーや夫婦の仲が良いほど、人も家庭も豊かになります。「仲が良い」ということの中に花が咲き、愛情と利益が生まれてくるのです。

❖どんな神さま?

『古事記』や『日本書紀』に記されている「国生みの神話」では、イザナミ・イザナギは日本の生みの親として書かれています。女神であるイザナミと男神であるイザナギが褒め合いながら交わい、誕生した子どもが日本であり、日本の神々です。

そのため、夫婦の仲が良いほど家庭は豊かになり、お金が生まれます。逆に、仲が良くないともちろん運が下がります。これは仕事のパートナーでも同じです。

夫婦やパートナーと商売する時はこの神さまがたにお願いすることで、より一層強い愛情と利益がもたらされるでしょう。

❖イザナミ・イザナギのご利益を得やすい時期

季節や時期に関係なく、夫婦や仕事のパートナーと良い関係を結び、金運を上げたい時にお願いすることでご利益をいただけます。

❖イザナミ・イザナギのご利益をいただく開運アクション

「すべての運は会話から拓けていきます」

人間は「会話をする」という素晴らしい特性を持っています。しゃべることをしなければ、良いものは生まれてこないでしょう。

挨拶など些細なやり取りでも会話を生むきっかけになりますから、夫婦や仕事のパートナーはもちろん、周囲にいる人たちとできるだけ話をするようにしてください。すべてはそこから始まっていきます。

❖イザナミ・イザナギのご利益がいただけるオススメ神社仏閣

「伊弉諾神宮（兵庫県）」「おのころ島神社（兵庫県）」

伊弉諾神宮は『古事記』・『日本書紀』にも登場する由緒ある神社。おのころ島神社は縁結びのパワースポットとしても有名です。

❖オススメ神社仏閣を訪れる際の開運アクション

仲良くしたい相手がいるならば、その人と一緒に写っている写真を持参してお参りしましょう。夫婦なら夫婦、仕事のパートナーならパートナーとの写真です。

参拝後にパワーが入りますから、持ち帰って自宅や会社で飾れば、団結心が強まるでしょう。相手との間にお金のトラブルがある場合は、円満解決となります。

Q 人生に迷っています。「給料」と「やりがい」、最終的にどちらの方が金運が上がるのでしょう。

A どちらも金運は上がります。

どちらをとっても、金運は上がります。イヤイヤでも辛くても、やるべき仕事をやれば努力の中からパワーが生まれ、お金は入ってきます。やりがいのある仕事をやれば、お金に加えていい結果が出ます。金財華さまはちゃんと見ていますよ。

古い話になりますが、戦後の日本人は会社の正社員として、一丸となって働きました。そして、実にさまざまな分野で成功してきたのです。

しかし、派遣社員という制度ができてから会社、ひいては仕事への愛がなくなりました。中途半端にしか頑張れない、要するに仕事への「気持ち」がともなわずに人生に迷いが生じ、このような疑問を抱く人が増えたのです。

18

宇賀神

（うがじん／金運向上・立身出世）

神さまからのお言葉：

訳：「自分の味方を増やすことでお金を増やす」

出世運を得るには、運とともに味方になってくれる人が必要です。自分より上の人物に信頼され、引っ張り上げてもらうことでお金が増えていくのです。

❖どんな神さま？

低い身分から天下人となった豊臣秀吉が信仰したとされる、出世運と金運を得られる神さまです。出自不明ではあるものの、大きなご利益を得ることができます。

また、秀吉のみならず秀吉の母による信仰もあつく、のちに女性最高の役職である「大政所（おおまんどころ）」の地位にまで上りつめました。

出世するには実力だけでなく、運も必要です。この神さまに祈ることで、出世が可能な上司からの引き立てを得ることができるでしょう。

❖宇賀神のご利益を得やすい時期

季節や時期に関係なく、今の地位より上にいきたい、出世をしたい時にお願いすれば、ご利益をいただけるでしょう。

❖宇賀神のご利益をいただく開運アクション

「目上の人とのコミュニケーションを密にして」

宇賀神は出世運の神さまです。特にサラリーマンの人は、上司とのコミュニケーションを密にしてみましょう。上司がいない人は、取引先の人との関係を深めるようにしてみてください。

相手のことが嫌いな場合でも、無理やりでもいいところを見つけて尊敬し仲良くするのが出世のコツと言えます。目上の人を立てれば、自分の味方とともにお金も増えていくでしょう。

❖宇賀神のご利益がいただけるオススメ神社仏閣

「宇賀神社（うがじんじゃ）（長野県）」「不忍池辨天堂（しのばずのいけべんてんどう）（東京都）」

宇賀神社は全国各地にありますが、特に長野県の野尻湖にある宇賀神社、東京都台東区にある不忍池辨天堂からは強いパワーを感じるため、オススメです。

❖オススメ神社仏閣を訪れる際の開運アクション

神社を訪れる際は、ペンやノートなど自分が気に入っている仕事道具を持っていきましょう。そして参拝する時に「自分に運をください」と心で唱えながら願ってください。そうすることで日常的な運が上がり、上司に引き立てられる可能性も高まります。

Q 結婚で迷っています。「愛」と「お金」、どちらを選ぶべきなのでしょう。

A 愛を選ぶべきです。

好きな人と結婚しましょう。好きな人と結婚しなければ、結婚生活は失敗します。もちろん、お金もそこそこあれば最高に幸せですけれども。

好きな人と一緒に生活することで、不思議と仕事も頑張るようになります。自分も相手もです。愛の中に仕事が生まれ、それは金運上昇へとつながります。

嫌な相手と結婚すると、動きたくなくなります。仕事どころか、家のこともやりたくなくなるものです。

また妊娠出産に関してですが、子どもは金運を持って生まれてくる存在です。そのため、生まれれば自然とお金が入ってきます。

19

豊国大明神

（とよくにだいみょうじん／金運向上・仕事運向上・立身出世）

神さまからのお言葉：

訳：「相手の心に入れば、仕事もお金もすべてうまくいきます」

相手の気持ちを察し、それに応じて臨機応変に行動する心根を養いましょう。そうして相手の心に入ればすべてがわかり、仕事もお金もうまく回るようになります。

どんな神さま？

自分の意思で神さまとなった豊臣秀吉は、生前から神さまについて世間に言い広めていました。死後は自らの思いを神に伝え、まさに神業のような交渉をし、死後に神号を得たのです。

自分自身を神と言い切り、願いは叶うという確信を持って動いたことが、大きな人生を開いたと言えます。

この神さまに願い相手の心に入り込むことで、まさに秀吉のような立身出世がかなうかもしれません。運気の上昇に伴い、仕事運や金運のご利益も得られるでしょう。

❖豊国大明神のご利益を得やすい時期

季節や時期に関係なく、画期的なアイディアや有効な策を得たい時にお願いすることでご利益をいただけます。

❖豊国大明神のご利益をいただく開運アクション

「人の話を聞き、行動を見て観察力を養うことです」

豊臣秀吉は人の扱い方が上手で、直感的に相手の気持ちを察することができたといいます。まさに、秀吉のようによく人の話を聞き、対話し、行動を見て観察力を養うことが大切です。

その人が何を話しているか、どんな行動をしているかを知る訓練をすることが、自分の成長にもつながります。友人知人はもちろん、外で知らない人を観察してみるのもいいでしょう。

❖豊国大明神のご利益がいただけるオススメ神社仏閣

「豊国神社（京都府）」「豊國神社（大阪府）」「妙法院（京都府）」

京都市にある豊国神社が総本社となります。大阪城内桜門の正面にある豊國神社、豊臣秀吉ゆかりの寺院である妙法院もオススメです。

❖オススメ神社仏閣を訪れる際の開運アクション

参拝をする際に「相手の心を自分の懐に入れる力をください」と、心の中で唱えながら祈るといいでしょう。徐々に相手の心の内が読み取れるようになるとともに、やり取りがしやすくなります。

10

Q ギャンブルで得たお金で生活するのは、金運が良いと言えるのでしょうか。

A 金運が良いとは言えません。

ギャンブルで得たお金は、「偏財」と呼ばれる、まともではないお金です。まったく落ち着くことなく、入ったり出たりを繰り返します。金運から外れたお金です。ギャンブルで儲けたとしても、金運が良くなっているわけではありません。

ところで、なぜギャンブルにはまるのでしょうか。それは、刹那的に快感を得られる勝負にはまっているから。自分の人生の上限を「ここまでだ」と自分で決めてしまって、捨てバチになっているのです。

人生という大きくて長い賭けをする覚悟がなく、ギャンブルという小さくて短い賭けに甘んじてしまっています。人生という賭けにのぞめるようになるには、意識を変えて頑張るしかありません。

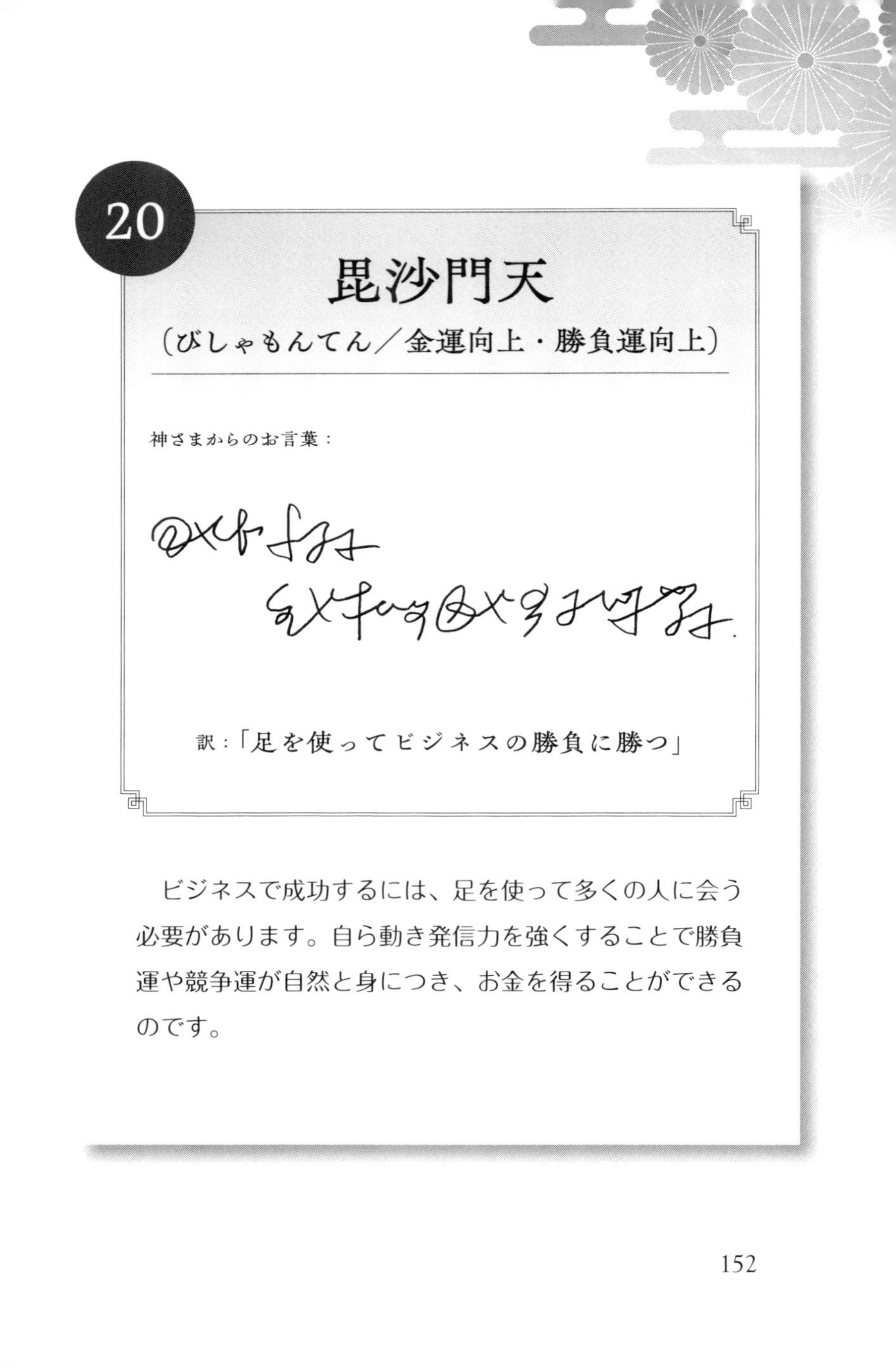

20

毘沙門天

（びしゃもんてん／金運向上・勝負運向上）

神さまからのお言葉：

訳：「足を使ってビジネスの勝負に勝つ」

ビジネスで成功するには、足を使って多くの人に会う必要があります。自ら動き発信力を強くすることで勝負運や競争運が自然と身につき、お金を得ることができるのです。

❖どんな神さま？

勝負運を上げるため、上杉謙信が頼った神さまとして有名な毘沙門天。まさに戦国最強の武将と言われるほどに負け知らずでした。また、毘沙門天は財運の神さまでもあります。勝負が強くなると、お金を生み出す方法が自然と身についてくるのです。

そして、毘沙門天の使いはムカデ。ムカデは金運を表すとともに足が多くついているため、足を使った商売＝営業にもご利益をいただけます。

❖毘沙門天のご利益を得やすい時期

季節や時期に関係なく、営業力をつけたい時や売上の成績を上げたい時にお願いするといいでしょう。

❖毘沙門天のご利益をいただく開運アクション

「勉強や研究を怠らず、知って伝える努力をする」

インターネットの普及により、現在は自ら動かなくても営業が可能になりましたが、やはり自身の発信力を強くすることは重要です。ＳＮＳの共感した内容にコメントをするなど、自分を表現してみるといいでしょう。

また、商品の勉強や研究を怠らず、良さを知って伝える努力をしてください。デスクなどに毘沙門天の写真やスマホの画像を飾るのもオススメです。

❖毘沙門天のご利益がいただけるオススメ神社仏閣

「信貴山朝護孫子寺(しぎさんちょうごそんしじ)(奈良県)」「鞍馬寺(くらまでら)(奈良県)」

毘沙門天信仰の総本山である朝護孫子寺をはじめ、天狗と牛若丸伝説で有名な鞍馬寺でもご利益をいただけます。

❖オススメ神社仏閣を訪れる際の開運アクション

営業職の人が参拝すると、勝負する心が養われて仕事運が上がります。神社でお札かお守りをいただき、自宅の定位置に飾るか身に着けてくださ い。そして毎朝、出勤前にそれに向かって祈りましょう。

21

ハニヤスヒメ

（波邇夜須毘売神／金運向上・身体健全）

神さまからのお言葉：

訳：「清潔にすることは運をひらくこと」

昔、高貴な人の便は高値で取引されていました。お金で買ったものを食べてトイレで汚物を出し、そこからまたお金が生まれるという連鎖に関わる場所を常に清潔にすることで、いい運をいただけるでしょう。

❖どんな神さま？

イザナミの大便から生まれたトイレの神さまであり、土の神です。その昔、高貴な方の大便は肥料として高く売れました。便はお金になったのです。身体の中の汚物を排泄して再度食べ物を入れるという繰り返しと、出費するけれど働いてまた入金されるという繰り返しは、本質的には同じと言えます。

美しい女神は汚い状態を嫌います。トイレを常に清潔にしておくことで、より大きなご利益をいただけるでしょう。

❖ハニヤスヒメのご利益を得やすい時期

季節や時期に関係なく、豊かで健康な状態を日常的に保ちたい時にご利益をいただけます。胃腸の調子が優れない時、便秘の時にもお願いするといいでしょう。

❖ハニヤスヒメのご利益をいただく開運アクション

「トイレを掃除すれば、物事が発展していきます」

食べる↓排泄↓お金になる↓また食べるという連鎖に関わってきたトイレは、生きていく上でとても重要な場所。トイレを掃除してきれいにすることで運をもらえ、物事が発展していきます。また、女神が住んでいる所でもありますから、臭いにも気を使いましょう。

❖ハニヤスヒメのご利益がいただけるオススメ神社仏閣

「榛名神社（はるなじんじゃ）（群馬県高崎市）」

榛名神社は群馬県を中心として全国にありますが、特に強い運気を感じる高崎市の榛名神社に参拝するのがオススメです。

❖オススメ神社仏閣を訪れる際の開運アクション

神社を訪れる際、自分で名刺のようなものを作って持参してください。参拝する時、左手でその名刺を自分の前に持ち、名前を3回唱えて時計回りに回します。そして右手のひらを上にし、「開運をお願いします」と祈りながら「1、2、3」と3回、腰のあたりから頭の上まで段階的に上げていきましょう。

排泄物の夢を見ると金運が上がると言いますが、胃腸はまさに金運と関連があります。このアクションをすることで胃腸がきれいになって整い、お金が回っていくでしょう。

Q ワリカンの場で自分が得になるようにさりげなく計算するなど、お金に汚いことをついやってしまいます。金運は下がりますか？

A ひどくは下がりません。

「お金に汚い」と表現していますが、その行動自体はそんなに悪いことでもありません。しっかりしているということです。金運がひどく下がることはないでしょう。

ただ、ひとり占めしてはダメ。誰かにご馳走してあげるとか、お祝いの時にお金を包むとか、お返しをすればいいのです。そうすれば、またお金は入ってきます。金運の流れを止めないようにしてくださいね。

節約のし過ぎにも同じことが言えますが、チマチマとお金を貯め続けたとしても、そのうちに寿命がきます。お金を抱えて死んでも、しかたがありません。

22

歓喜天（ガネーシャ）

（かんぎてん（がねーしゃ）／金運向上・商売繁盛・身体健全）

神さまからのお言葉：

訳：「人気を得ることで運が回っていく」

力不足でなかなかうまくいかない時は、まず人気を得なければいけません。他人から「いい人ね」と言われることにより歓喜が生まれ、幸運とお金を呼び寄せることができます。

❖どんな神さま？

元々はヒンドゥー教の「ガネーシャ」であり、聖天（せいてん／しょうてん）とも呼ばれます。貧乏を転じて福を与える、人間の欲望を満たす神さまとされています。

力不足でなかなか発展しない時、強い欲望を持ってこの神さまを信じ切ることで人気運が上がり、お金回りが良くなるでしょう。

ガネーシャは頭が象で身体が人間の姿をしていますが、大きなものを運ぶ時にゾウの背を借りて運送することから、大きな運気をいただくことができます。お金がなくて困っている人ほど、この神さまに拝むといいです。

❖歓喜天（ガネーシャ）のご利益を得やすい時期

季節や時期に関係なく、人気を得て金運を上げたい時にお願いすることでご利益をいただけます。

❖歓喜天（ガネーシャ）のご利益をいただく開運アクション

「象の置物を大事にし、人が集まるところに飾りましょう」

ガネーシャは象の形をした神さま。象は芸達者で人気のある動物ですから、まずは人気を得なくてはいけません。人気があれば、自然と福が寄ってきます。

リビングなど、人の集まる場所に象の置物を置いてください。置物を手に入れるのが難しければ写真やイラスト、スマホの画像などでもＯＫ。自分で描いた絵を一日引き出しに入れておいてもいいでしょう。

❖歓喜天（ガネーシャ）のご利益がいただけるオススメ神社仏閣

「待乳山聖天（東京都）」「生駒山寶山寺（生駒聖天）（奈良県）」

東京・浅草にある待乳山聖天、奈良の生駒山にある寶山寺（生駒聖天）に参拝するのがオススメです。

❖オススメ神社仏閣を訪れる際の開運アクション

神社を訪れる際は象の置物を持っていってください。象を手にしながら参拝することで、置物に歓喜天（ガネーシャ）のパワーが入ります。持ち歩けない場合は、絵を描いて持参するのもいいでしょう。

瀧天貴が聞く、金財華さまからのメッセージ

12

Q　なぜ金財華さまは、お金持ちと貧乏人、金運を持っている人と持っていない人をつくったのでしょうか。

A　過去世が現世の金運を決めるからです。

現世での金運は、過去世によって決まります。過去世でお金を粗末にしたり、無駄にしたり、お金に関してみにくい争いごとを起こしたりした人は、現世で貧乏になります。そして反対に、徳のあることをした人はお金持ちになるのです。

また、人間の右側と左側には、神さまがいます。その2柱の神さまが、他の神さまにその人が何をしたのか、行動を知らせるのです。過去世が終わった後、死後の世界の神さま（閻魔さま）にも知らせ、過去世の金運が決まります。

金運がなく生まれても、ないなりのお金を上手に使えば金運は下がりませんし、金財華さまが最終的には助けてくださいます。

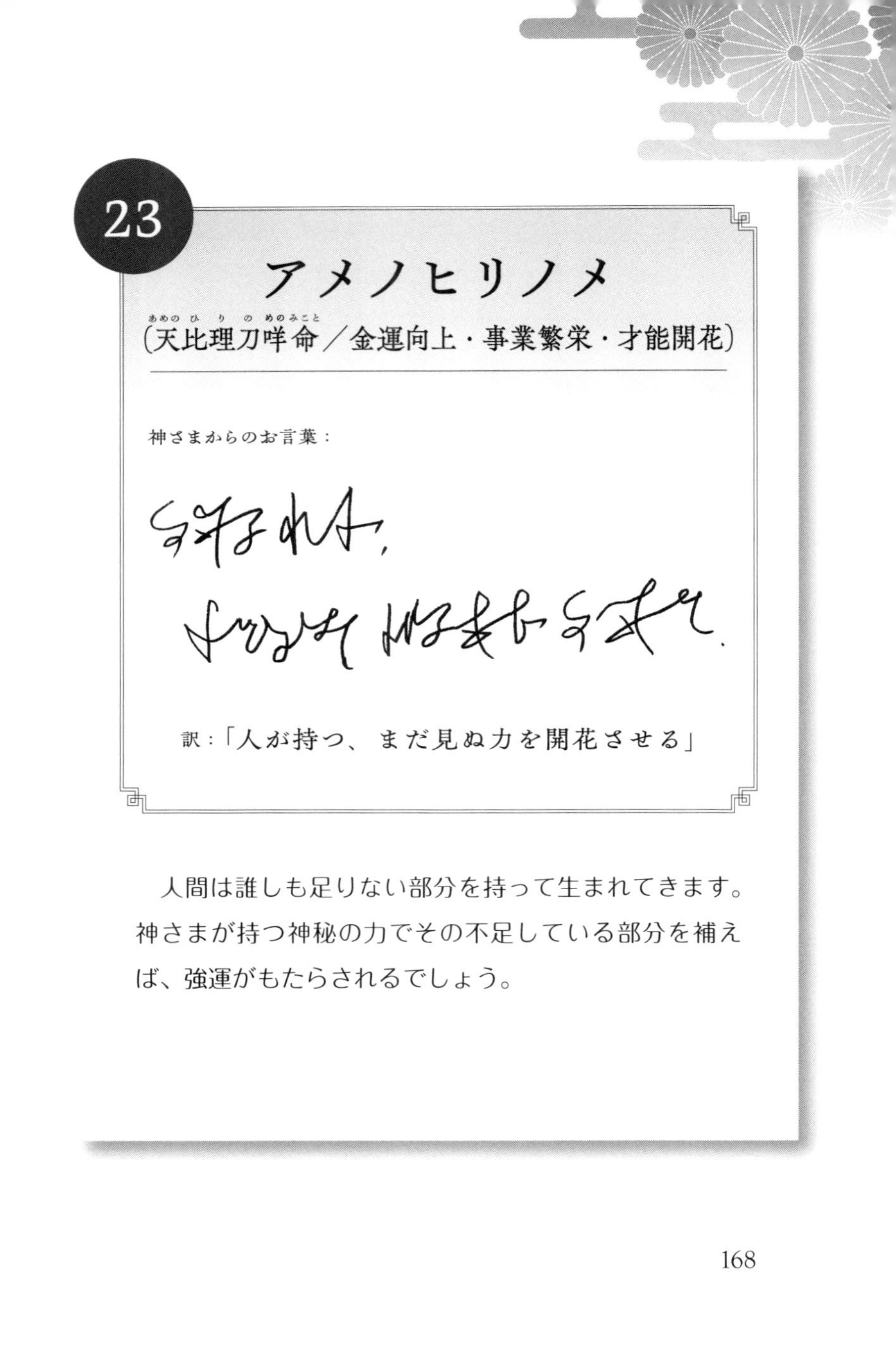

23

アメノヒリノメ

（天比理刀咩命／金運向上・事業繁栄・才能開花）

神さまからのお言葉：

訳：「人が持つ、まだ見ぬ力を開花させる」

人間は誰しも足りない部分を持って生まれてきます。神さまが持つ神秘の力でその不足している部分を補えば、強運がもたらされるでしょう。

❖どんな神さま？

源頼朝と徳川家康、それぞれの時代で天下を取った二人の武士が頼った女神です。ただ、具体的な神話は残されていないため、その正体は不明とされています。

その人や物事が力不足だった時、足りない部分を補ってくれるというご利益があります。交渉ごとで間に人が入った途端にうまくいったなど、「これを足せばいい」という知恵を与えてくれるため、問題解決が早くなるでしょう。またその結果、金運も生まれるようになります。

❈アメノヒリノメのご利益を得やすい時期

季節や時期に関係なく、自身の中にある才能を引き出したい時にお願いするといいでしょう。また、妊娠中の女性もご利益をいただけます。

❈アメノヒリノメのご利益をいただく開運アクション

「大事な場所をさすれば運気が上がり、お金が生まれます」

神さまの手には神秘の力が宿っています。子どもに「痛いの痛いの、飛んでけー」と唱えるような感覚で、自分の身体で大事だと思う箇所を手でさすり、「アメノヒリノメ」と唱えてください。そうすることでさすった部分の能力や才能が引き出され、運気が上がってお金も生まれてくるようになります。

妊娠中の場合は、お腹に手を当てて「アメノヒリノメ」と何回も唱えながら右回りにさすりましょう。その子に足りないものが補われ、結果的に強運をいただけます。

❖アメノヒリノメのご利益がいただけるオススメ神社仏閣

「品川神社（東京都）」「洲宮神社（千葉県）」

どちらの神社も、アメノヒリノメの強いパワーを感じます。

❖オススメ神社仏閣を訪れる際の開運アクション

参拝する際に手を合わせて祈った後、自分の身体で特に大事だと思う箇所をさすりましょう。まるで足りないところを補うように、その部分の能力が上がります。

13

Q世界でいちばんの金運パワースポットはどこでしょうか？　日本の、神社以外の金運パワースポットも知りたいです。

Aニューヨーク連銀とスイス国立銀行、東京の日本橋です。

アメリカ・ニューヨークの連邦準備銀行（連銀）が、金運渦巻くパワースポットです。それは、世界中の国のお金が集まっているから。

同じ理由で、スイスの中央銀行であるスイス国立銀行もパワースポットとなります。とはいえ、中に入ることは難しいので、近くに行くだけでもＯＫ。パワーをもらうことができます。

日本では、かつて造幣局があった東京・日本橋がパワースポットです。オススメの金運アップ行動は、日本橋でお金を扱うこと。買い物をしたり、自分の口座がある銀行の「日本橋支店」で通帳記入をしたり、お金を下ろしたりしましょう。

24

神武天皇

（じんむてんのう／仕事運向上・事業繁栄）

神さまからのお言葉：

訳：「先見の明を授かり、世の中の先を見通す」

トップになる人は皆の話を聞き、目下をかわいがり、上手に人を動かして利益を生みます。世の中の先を見通せば、長期の計画も成功へと導くことができるでしょう。

❖どんな神さま?

アマテラスの子孫であり、山の神や海の神の子孫でもある初代天皇。金運や商売繁盛のご利益をいただける神さまです。

誰に対しても平等に意見を聞く、仲良しグループの長のような人。周囲の皆から慕われ、尊敬されていました。先を読む力に長けており、民衆や国のことを深く考え、長期プランの成功に力を注いだといいます。

とはいえ、神武天皇への信仰が篤くなったのは明治時代になってから。近代の日本は海の神や山の神のおかげで発展・繁栄したとされ、その子孫である神武天皇を崇めるようになりました。

❖神武天皇のご利益を得やすい時期

季節や時期に関係なく、長期で行う事業を成功させたい時、組織や行政などを発展させたい時にお願いすることでご利益をいただけます。

❖神武天皇のご利益をいただく開運アクション

「現状を把握することで、先見の明を養っていく」

長期プランを成功に導くには、現状を把握して先を見据える力をつけていくことが大切になります。周囲の声を聞いたり、「今日はこうだったから、明日はどうすべきか」とデータ分析したりして、最善策を考えてください。

また、夜に今日の自分の反省会をするのもいいでしょう。お風呂の中で考えてみると、未来のいいイメージが湧いてきやすくなります。

神武天皇のご利益がいただけるオススメ神社仏閣

「神武天皇社（奈良県）」

初代神武天皇の即位した場所とされており、強いパワーを感じることができます。

❖オススメ神社仏閣を訪れる際の開運アクション

普通のサラリーマンよりも、会社の社長や政治家など組織のトップや国政を担う人が参拝するといいでしょう。会社の名前を紙に書いて持参し、参拝時に手に持ちながら、叶えたい目標を言い切る形で神武天皇に伝えてください。

Q 金財華さまの力をいただける財布は、どんなものでしょうか。キャッシュレスの時代なので、金運アップできるスマホも知りたいです。

A 金か黒の財布やスマホカバーを。

キャッシュレスの時代ではありますが、最近、新札が発行されました。まだまだ現金を使うという表れですので、お財布には気を使いたいところです。

金運アップの色は金か黒。金は金運を上げる色、黒は黒字の色で、お金を貯める色です。嫉妬からお金を隠す効果もあります。財布にお札を入れるなら、長財布が◎。小銭やカードだけしかお財布に入れないなら、長財布にこだわらなくても大丈夫です。

スマホはそれ自体が何色であろうとも、スマホカバーを金か黒にすればＯＫ。デザインはシンプルなモノにしましょう。

25

平将門

（たいらのまさかど／金運向上・仕事運向上）

神さまからのお言葉：

訳：「私をたたえれば運が向いてくる」

国の発展のために生まれた神さまについて学び、褒めたたえ、崇め奉ることで大運をいただくことができるでしょう。

❖どんな神さま？

反逆児と言われながらも、日本の発展のために己の一念を貫き通した人物です。知恵と福を持ち合わせ、権利と財運を獲得しました。現在は神田明神（かんだみょうじん）にお祀りされていますが、天皇に謀反を起こしたため、その首のみが大手町の将門塚（しょうもんづか）に祀られています。

対抗したなら、相手はすぐにつき倒されるほどの力の持ち主です。将門公を奉ることで、高い地位と財運を持つことができるでしょう。

❖平将門のご利益を得やすい時期

季節や時期に関係なく、功績を上げて地位や財を築きたい時にお願いすることでご利益をいただけます。

❖平将門のご利益をいただく開運アクション

「将門公を学び、一日1回は褒めたたえて」

将門公が活躍した時代の歴史を学び、功績を知って褒めたりあがめたりすることで大運をいただけます。「将門公はすごいよね」などと、一日1回は口にして褒めるといいでしょう。人がいる場所で武勇伝を話して持ち上げ、盛り上げるのもオススメです。

❖平将門のご利益がいただけるオススメ神社仏閣

「神田明神（東京都）」

平将門公が祀られ、江戸の総鎮守とされる神田明神に参拝するのがオススメです。

❖オススメ神社仏閣を訪れる際の開運アクション

参拝する際は、平将門公のことを思いながら祈りましょう。また、神田明神のお祭りに参加し、楽しむことでより運が回っていきます。

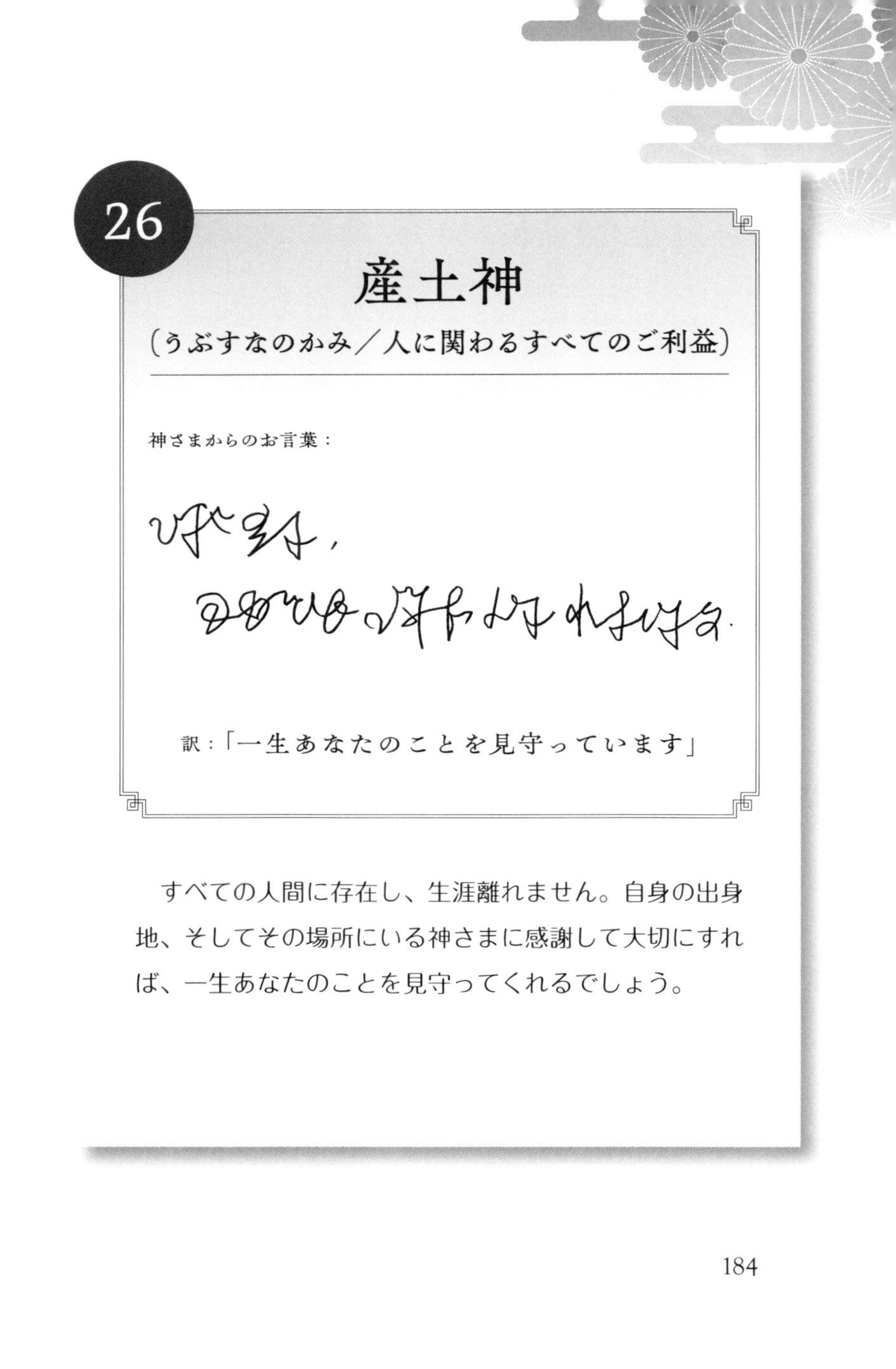

26

産土神

（うぶすなのかみ／人に関わるすべてのご利益）

神さまからのお言葉：

訳：「一生あなたのことを見守っています」

すべての人間に存在し、生涯離れません。自身の出身地、そしてその場所にいる神さまに感謝して大切にすれば、一生あなたのことを見守ってくれるでしょう。

❖どんな神さま？

出生地の神さまのことです。他の神さまとは少し違う立ち位置にあり、すべての人に存在しますが、産土神は人によって違います。また、さまざまな神さまのサポートを得たいと思った時に間に入り、情報を補足してくれる場合もあるでしょう。

自分の産土神がわからなければ、神社庁に問い合わせるか、産土神を調べることのできるネットサービスなどを使用してみてください。

❖産土神のご利益を得やすい時期

季節や時期に関係なく、好きな時に参拝して大丈夫です。日々の生活や生まれた土地に感謝することでご利益をいただけます。

❖産土神のご利益をいただく開運アクション

「自分の出身地を大事に想いましょう」

誰でも、生まれ育った場所には郷愁を感じるもの。出身地を大事に想いながら、紙に出身地と産土神の名前、その横に自分の名前を書き、東の位置に置いてください。その後、紙はそのままにしておくか、引き出しにしまいましょう。

今いる場所と遠く離れているのであれば、ふるさと納税をするのもＯＫです。

❖産土神のご利益がいただけるオススメ神社仏閣

「氏神神社（自分が住む土地を守る神さまがいらっしゃる神社）」

自身の出生地または居住地の氏神神社を探して、参拝するといいでしょう。

❖オススメ神社仏閣を訪れる際の開運アクション

氏神神社を訪れた際は、「いつもありがとうございます」「お世話になっています」と言いながらお参りをしましょう。その人から一生離れることのない神さまですから、出身地とともに大事にしてください。

27

トヨカワダキニシンテン

（豊川吒枳尼眞天／金運向上・商売繁盛・身体健全）

神さまからのお言葉：

訳：「欲張りな願望をすべて叶えます」

人間の欲望は神秘的です。欲望を満足させてくれる神さまにあれが欲しい、こうしたいと口に出して祈れば、どんどん人気と利益をいただけるでしょう。

❖どんな神さま?

豊川稲荷にいらっしゃる、芸能と金運の女神。欲張りな人にはピッタリな神さまです。

人間の欲望には原則としてお金・愛情・健康の３つがありますが、１つ欠けただけでも欲は満たされません。お金だけあっても心は空虚ですし、人に対する愛情がなければ財は生まれないでしょう。また、健康でなければ仕事がままならず、お金を得ることが難しくなってしまいます。

その神秘的で根本的な欲望をすべて果たすことができるのが、トヨカワダキニシンテンと言えるでしょう。

❖トヨカワダキニシンテンのご利益を得やすい時期

季節や時期に関係なく、叶えたい望みがある時に強くお願いすることでご利益をいただけます。

❖トヨカワダキニシンテンのご利益をいただく開運アクション

「欲望を抱き、声に出してダキニシンテンに伝えましょう」

貪欲になることで願いが叶っていくという神さまですから、「利益を上げたい」「お金が欲しい」「愛情が欲しい」など、遠慮せずストレートな欲望を抱くことが大事です。ダキニシンテンを想いながら、口に出して伝えるといいでしょう。

❖トヨカワダキニシンテンのご利益がいただけるオススメ神社仏閣

「豊川稲荷東京別院（東京都）」

愛知県の豊川稲荷が本院となりますが、東京・元赤坂にある別院を参拝するのがオススメです。

❖オススメ神社仏閣を訪れる際の開運アクション

豊川稲荷を訪れた際は、あげを供える、10円玉をいただくなど神社内の行事をすべて果たして帰ることで運が向いてきます。また銭洗いでは、お金を洗ったら一週間以内に使うようにしましょう。

28

白龍大明神

（はくりゅうだいみょうじん／金運向上・心願成就）

神さまからのお言葉：

訳：「一緒に金蔵を守りましょう」

天にはお金があり、それを皆に分け与えています。天の金蔵を守る龍にお手伝いを名乗り出れば、龍が動いて金運を運んでくれるでしょう。

❖どんな神さま？

白龍には、金蔵の側に根を張って見張りをする役割があります。元々白龍とは白蛇のことであり、蛇は金運の象徴にもされているため、お金に関するご利益をいただけることが大きな特徴と言えるでしょう。

また、龍神さまは知的で冷静なため、お願いをすることで落ち着いて物事にあたることができるようになります。

❖白龍大明神のご利益を得やすい時期

季節や時期に関係なく、お金に困っている時、臨時収入が欲しい時にお願いすることでご利益をいただけるでしょう。

❖白龍大明神のご利益をいただく開運アクション

お金に困ることがあれば、東の位置に白い旗を作って掲げ、その下に白蛇の置物を飾りましょう。白い旗は「勝利」を表す風呂敷の代わりです。割り箸など棒状のものに自分の名前を書いた白い紙を貼り付け、旗のように立たせてください。白龍さまがその場所を見つけ、金運を届けてくれます。白蛇の置物が手元にない場合は写真やイラスト、スマホの画像などでもOKです。

❖白龍大明神のご利益がいただけるオススメ神社仏閣

「白龍神社（はくりゅうじんじゃ）（愛知県）」

白龍大明神の強い運気を感じることができる神社です。

❖オススメ神社仏閣を訪れる際の開運アクション

龍はお金の番人ですから、そのお手伝いをさせてもらうように頼んでみましょう。天にはお金があり、それを人間に分け与えているため、見張りをしてくれる人にはたくさんお金を渡してくれるのです。

参拝をする時、「私にも、金や銀の一部の見張り番をさせていただけますか」とお願いしてください。そうすることで龍が動き、金運を運んできてくれます。

29

九頭竜大神

（くずりゅうおおかみ／金運向上・仕事運向上・事業繁栄）

神さまからのお言葉：

訳：「太陽を背中にして言葉を発すれば必ず通ずる」

後光が差したように太陽が背中にくる位置に立ってお願いをすれば、龍神の神通力によりすべての願いが叶うでしょう。

❖どんな神さま?

9つの頭を持つ龍もしくは蛇の神さまです。ある修行僧が法華経を唱え、神通力にて神さまにしてしまったという逸話があります。金運はもちろん仕事運、事業運のご利益をいただけるため、経営者にとても人気があるようです。

また9つの内、1つは恋愛と結婚を運んでくれる神さまもいますので、金運以外のご利益もいただきたい場合は、しっかりと念じておきましょう。

❖九頭竜大神のご利益を得やすい時期

季節や時期に関係なく、規模の大きな仕事、ビジネスの交渉などで成功したい時にお願いすることでご利益をいただけます。

❖九頭竜大神のご利益をいただく開運アクション

「太陽を背中に背負ってお願いをしましょう」

太陽は見ることも大事ですが、背中にくる位置に立ってお願いをすると後光が差したようになり、強いパワーで神通力がかないます。特に人と交渉をする際は、太陽を背中に背負いながら、九頭竜大神にお願いをするといいでしょう。

❖九頭竜大神のご利益がいただけるオススメ神社仏閣

「箱根神社（神奈川県）」

大きなパワーをいただける神社です。近くにある九頭龍神社本宮との「両社参り」をオススメします。

❖オススメ神社仏閣を訪れる際の開運アクション

参拝の時、特に大きな仕事をする際は、九頭竜大神に向かって深く頭を9回下げた後、真っすぐ正面を向いて「お願いします」と強く念じながら祈るといいでしょう。

30

クニノトコタチ

（国常立尊〔くにのとこたちのみこと〕／金運向上・仕事運向上）

神さまからのお言葉：

訳：「自分の好きを応援し成功を手に入れる」

自分に対して邪魔者がいない方が、より一層自分らしく生きられるもの。知識を得て自分自身のキャパを広げたい時は、快く応援してくれるでしょう。

❖どんな神さま?

独身の神さまです。特に今の日本男性には、この神さまがついている方が多くいらっしゃると思われます。

邪魔者がいない方がより一層自分らしく生きられるため、結婚して家庭を築くよりも好きに人生を生きたい、独立したいと考えている人にオススメです。

また、自分のキャパシティを超える力が欲しい時や資格を取得する時、専門的な研究をしたい時などは応援をいただけますので、この神さまの力をおおいに利用してください。

❖クニノトコタチのご利益を得やすい時期

季節や時期に関係なく、自分のやりたいことや好きなことでお金を得たい時にお願いするといいでしょう。

❖クニノトコタチのご利益をいただく開運アクション

「仕事や自分ごとに集中することが大事」

独身の神さまですから、仕事や趣味など自分のことに一日集中したり、これからやっていきたい事柄に挑戦するといいでしょう。今後必要な知識や技術を身につけることにより、財が入ってくるようになります。

❖クニノトコタチのご利益がいただけるオススメ神社仏閣

「吉田神社（京都府）」「城南宮（京都府）」

どちらも、クニノトコタチの強いパワーを感じる神社です。

❖オススメ神社仏閣を訪れる際の開運アクション

参拝の時は、もし勉強や研究をしているならばその材料を持っていき、神さまにプレゼンする気持ちでお願いをするといいでしょう。自分の得意分野でおおいに力を発揮できるようになり、その結果としてお金も回るようになります。

31

フトダマ

（布刀玉命（ふとだまのみこと）／金運向上・仕事運向上・商売繁盛）

神さまからのお言葉：

訳：「小さいチャンスを変化させて大きなチャンスに変える」

お金は天から舞い落ちます。そのお金を棒や網で拾う力を養うことで、タイミングやチャンスを確実につかむことができるでしょう。

❖どんな神さま？

占いと経済の神さまです。また金運に強く、商売繁盛の神さまでもあります。自身でビジネスをされている人は、ぜひ一度参拝することを考えてみてください。

お金は天から舞い落ちてくるものであり、棒や網で拾わないことには、お金はすり抜けていってしまいます。タイミングやチャンスを図ってお金をつかむ力を養うことで、商売もうまくいくでしょう。

❖フトダマのご利益を得やすい時期

季節や時期に関係なく、お金をつかむタイミングとチャンスを得たい時にお願いをすることでご利益をいただけます。

❈フトダマのご利益をいただく開運アクション

「誕生日の一カ月前から、チャンスをつかむために用心を」

タイミングとチャンスをつかむ力は、お金をつかむ力に通じます。人生には3回チャンスが訪れますが、それは「おめでとう」と言われる時、自分の誕生日の前後にくることが多いのです。誕生日の一カ月前から用心し、小さなチャンスを探して見つけておきましょう。また、チャンスを手に入れた際に素早く行動できるかも重要になります。

一日の開運アクションとしては、自分が生まれてきたことに対してご先祖に感謝をするといいでしょう。仏壇に手を合わせるか、なければ東を向いてお祈りをしてください。

❖フトダマのご利益がいただけるオススメ神社仏閣

「金札宮（京都府）」「安房神社（千葉県）」

どちらも強い運気を感じる神社です。特に金札宮は、開運と幸運を呼ぶ宮として親しまれています。

❖オススメ神社仏閣を訪れる際の開運アクション

参拝の時は、「お金をください」と素直に伝えましょう。この神さまがお祀りされている神社はいわば増刷所で、お金が飛んでくるのが見えます。空中に飛び回っているお金を、うまくつかまえるイメージをしてみるといいでしょう。

【立身出世】

・今の立場から昇進したい
　07. 八幡神　84 ページ

・上司などから目をかけてもらいたい
　08. オオクニヌシ　88 ページ
　19. 豊国大明神　146 ページ

・どん底からスタートして成功したい
　14. ヤマトタケル　118 ページ

・目上の人といい関係を築いて出世したい
　18. 宇賀神　140 ページ

【心願成就】

・野心や望みを叶えて成功したい
　04. 住吉三神　68 ページ
　27. トヨカワダキニシンテン　188 ページ

・お金とともに愛情や健康も手に入れたい
　27. トヨカワダキニシンテン　188 ページ

・お金に関する願いや望みを叶えたい
　28. 白龍大明神　192 ページ

【事業繁栄】

・今よりも商売で儲けたい 06. コトシロヌシ　78 ページ
・人をたくさん呼び込んで利益を得たい 09. 宗像三女神　94 ページ
・商売で儲けて今よりも良い暮らしがしたい 12. タマノオヤ　110 ページ
・福運を得て商売をうまくいかせたい 13. エビス　114 ページ
・これまでとは違う商売で成功したい 14. ヤマトタケル　118 ページ
・現実的な判断をして利益を得たい 16. ニニギ　130 ページ
・人気と利益を同時に得たい 22. 歓喜天（ガネーシャ）　162 ページ
・商売を成功させてすべてを手に入れたい 27. トヨカワダキニシンテン　188 ページ
・商売のチャンスを逃さずつかみたい 31. フトダマ　204 ページ

・規模の大きな仕事や交渉を成功させたい 29. 九頭竜大神　196ページ
・好きな仕事に集中して成功したい 30. クニノトコタチ　200ページ
・研究など専門分野で成功を収めたい 30. クニノトコタチ　200ページ
・仕事のチャンスやタイミングをうまくつかみたい 31. フトダマ　204ページ

【勝負運向上】
・一攫千金を狙いたい 20. 毘沙門天　152ページ
・ライバルに勝ってお金を稼ぎたい 20. 毘沙門天　152ページ

【商売繁盛】
・窮地を乗り越えて商売を立て直したい 04. 住吉三神　68ページ 11. オオモノヌシ　106ページ

・金銭的な豊かさと健康を保ちたい 21. ハニヤスヒメ　156ページ
・人気を得ることで金運を上げたい 22. 歓喜天（ガネーシャ）　162ページ
・功績を上げて財を築きたい 25. 平将門　180ページ
・お金に関する願いをすべて叶えたい 27. トヨカワダキニシンテン　188ページ
・趣味など好きなことでお金を得たい 30. クニノトコタチ　200ページ
・チャンスをつかんで金運を上げたい 31. フトダマ　204ページ

【仕事運向上】
・仕事が舞い込むペンネームや社名を付けたい 03. ニギハヤヒ　64ページ
・副業を成功させたい 07. 八幡神　84ページ

・才能を開花させてお金を得たい 10. 弁才天　100ページ
・お金のピンチを乗り切りたい 11. オオモノヌシ　106ページ 28. 白龍大明神　192ページ
・臨時収入を得たい 11. オオモノヌシ　106ページ 28. 白龍大明神　192ページ
・今よりも上質な生活がしたい 12. タマノオヤ　110ページ
・カップルや夫婦で金運を上げたい 15. コノハナサクヤヒメ　124ページ 17. イザナミ・イザナギ　134ページ
・金銭感覚を磨いて正しい判断をしたい 16. ニニギ　130ページ
・今よりも良い立場を得て金運を上げたい 18. 宇賀神　140ページ 19. 豊国大明神　146ページ

・収入を安定させたい 02. ウカノミタマ　58ページ
・豊かさを運んでくれる人と出会いたい ・プレゼント運を上げたい 02. ウカノミタマ　58ページ

【金運向上】
・新年を金運のいい年にしたい 01. 御歳神　52ページ
・今より収入を増やしたい 02. ウカノミタマ　58ページ 06. コトシロヌシ　78ページ
・子どもに金運のいい名前を付けたい 03. ニギハヤヒ　64ページ
・貯蓄を増やしたい 06. コトシロヌシ　78ページ
・土地や住宅など資産を増やしたい 06. コトシロヌシ　78ページ

悩み別・お願いするといい神さま

人生において、どんなことでお金を得るかは人それぞれ。今現在、あなたがどんな状況にいるかを把握し、神さまを選んでお願いをすることで、最適なタイミングでお金が入ってくるようになります。

【五穀豊穣】
・新しい一年を豊かに過ごしたい 01. 御歳神　52ページ
・衣食住に困らない生活がしたい 02. ウカノミタマ　58ページ 05. アマテラス　72ページ
・今あるお金を保ちたい 02. ウカノミタマ　58ページ 05. アマテラス　72ページ
・豊かで余裕のある暮らしがしたい 02. ウカノミタマ　58ページ 05. アマテラス　72ページ

27. トヨカワダキニシンテン　188ページ

・豊川稲荷東京別院／東京都港区元赤坂1-4-7

28. 白龍大明神　192ページ

・白龍神社／愛知県名古屋市中村区名駅南1-8-14

29. 九頭竜大神　196ページ

・箱根神社／神奈川県足柄下郡箱根町元箱根80-1

30. クニノトコタチ　200ページ

・吉田神社／京都府京都市左京区吉田神楽岡町30
・城南宮／京都府京都市伏見区中島鳥羽離宮町7

31. フトダマ　204ページ

・金札宮／京都府京都市伏見区鷹匠町8
・安房神社／千葉県館山市大神宮589

20. 毘沙門天　152ページ

・信貴山朝護孫子寺／奈良県生駒郡平群町信貴山 2280-1
・鞍馬寺／京都府京都市左京区鞍馬本町 1074

21. ハニヤスヒメ　156ページ

・榛名神社／群馬県高崎市榛名山町 849

22. 歓喜天／ガネーシャ　162ページ

・待乳山聖天／東京都台東区浅草 7-4-1
・生駒山寶山寺（生駒聖天）／奈良県生駒市門前町 1-1

23. アメノヒリノメ　168ページ

・品川神社／東京都品川区北品川 3-7-15
・洲宮神社／千葉県館山市洲宮 921

24. 神武天皇　174ページ

・神武天皇社／奈良県御所市柏原 246

25. 平将門　180ページ

・神田明神／東京都千代田区外神田 2-16-2

26. 産土神　184ページ

・氏神神社／自分が住む土地を守る神さまがいらっしゃる神社

14. ヤマトタケル　118 ページ

- 熱田神宮／愛知県名古屋市熱田区神宮 1-1-1
- 三峯神社／埼玉県秩父市三峰 298-1
- 花園神社／東京都新宿区新宿 5-17-3

15. コノハナサクヤヒメ　124 ページ

- 富士山本宮浅間大社／静岡県富士宮市宮町 1-1
- 北口本宮冨士浅間神社／山梨県富士吉田市上吉田 5558

16. ニニギ　130 ページ

- 箱根神社／神奈川県足柄下郡箱根町元箱根 80-1
- 高千穂神社／宮崎県西臼杵郡高千穂町大字三田井 1037

17. イザナミ・イザナギ　134 ページ

- 伊弉諾神宮／兵庫県淡路市多賀 740
- おのころ島神社／兵庫県南あわじ市榎列下幡多 415

18. 宇賀神　140 ページ

- 宇賀神社／長野県上水内郡信濃町野尻琵琶島 246
- 不忍池辨天堂／東京都台東区上野公園 2-1

19. 豊国大明神　146 ページ

- 豊国神社／京都府京都市東山区大和大路正面茶屋町 530
- 豊國神社／大阪府大阪市中央区大阪城 2-1
- 妙法院／京都府京都市東山区妙法院前側町 447

07. 八幡神　84 ページ

・鶴岡八幡宮／神奈川県鎌倉市雪ノ下 2-1-31
・石清水八幡宮／京都府八幡市八幡高坊 30

08. オオクニヌシ　88 ページ

・出雲大社／島根県出雲市大社町杵築東 195
・出雲大神宮／京都府亀岡市千歳町出雲無番地

09. 宗像三女神　94 ページ

・宗像大社／福岡県宗像市田島 2331
・厳島神社／広島県廿日市市宮島町 1-1

10. 弁才天　100 ページ

・天河大辨財天社／奈良県吉野郡天川村坪内 107

11. オオモノヌシ　106 ページ

・金刀比羅神社／全国各地

12. タマノオヤ　110 ページ

・玉祖神社／山口県防府市大字大崎 1690
・玉作湯神社／島根県松江市玉湯町玉造 508

13. エビス　114 ページ

・西宮神社／兵庫県西宮市社家町 1-17
・恵比須（恵比寿）神社／全国各地

三十一神のご縁をいただけるオススメ神社仏閣

01. 御歳神　52ページ

・大歳御祖神社／静岡県静岡市葵区宮ヶ崎町102-1

02. ウカノミタマ　58ページ

・伏見稲荷大社／京都府京都市伏見区深草藪ノ内町68
・稲荷神社／全国各地

03. ニギハヤヒ　64ページ

・石切劔箭神社／大阪府東大阪市東石切町1-1-1
・籠神社／京都府宮津市字大垣430

04. 住吉三神　68ページ

・住吉大社／大阪府大阪市住吉区住吉2-9-89
・住吉神社／福岡県福岡市博多区住吉3-1-51

05. アマテラス　72ページ

・伊勢神宮／三重県伊勢市宇治館町1
・神明神社／全国各地

06. コトシロヌシ　78ページ

・鴨都波神社／奈良県御所市宮前町514
・美保神社／島根県松江市美保関町美保関608

31. フトダマ　204ページ

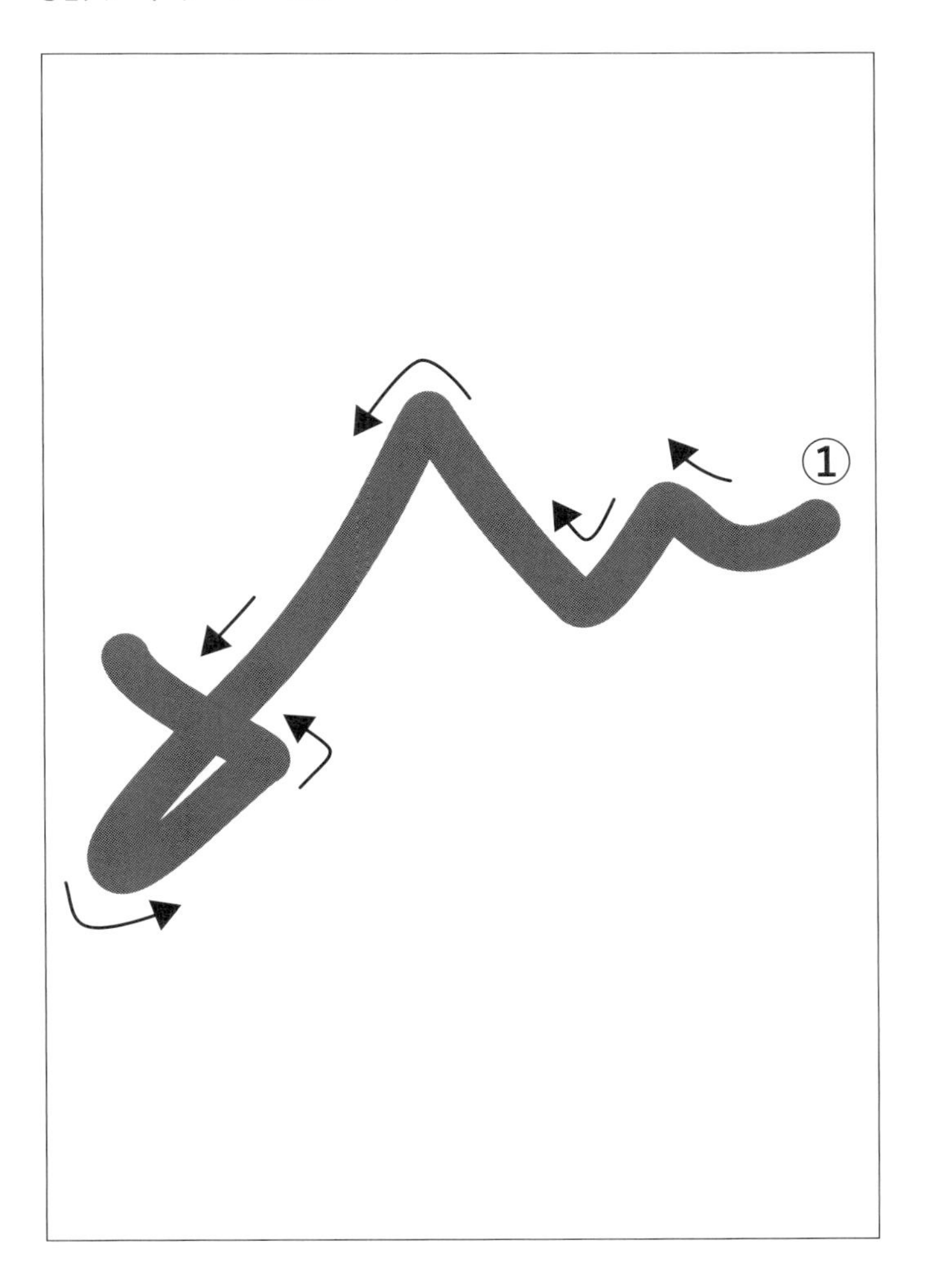

30. クニノトコタチ　200 ページ

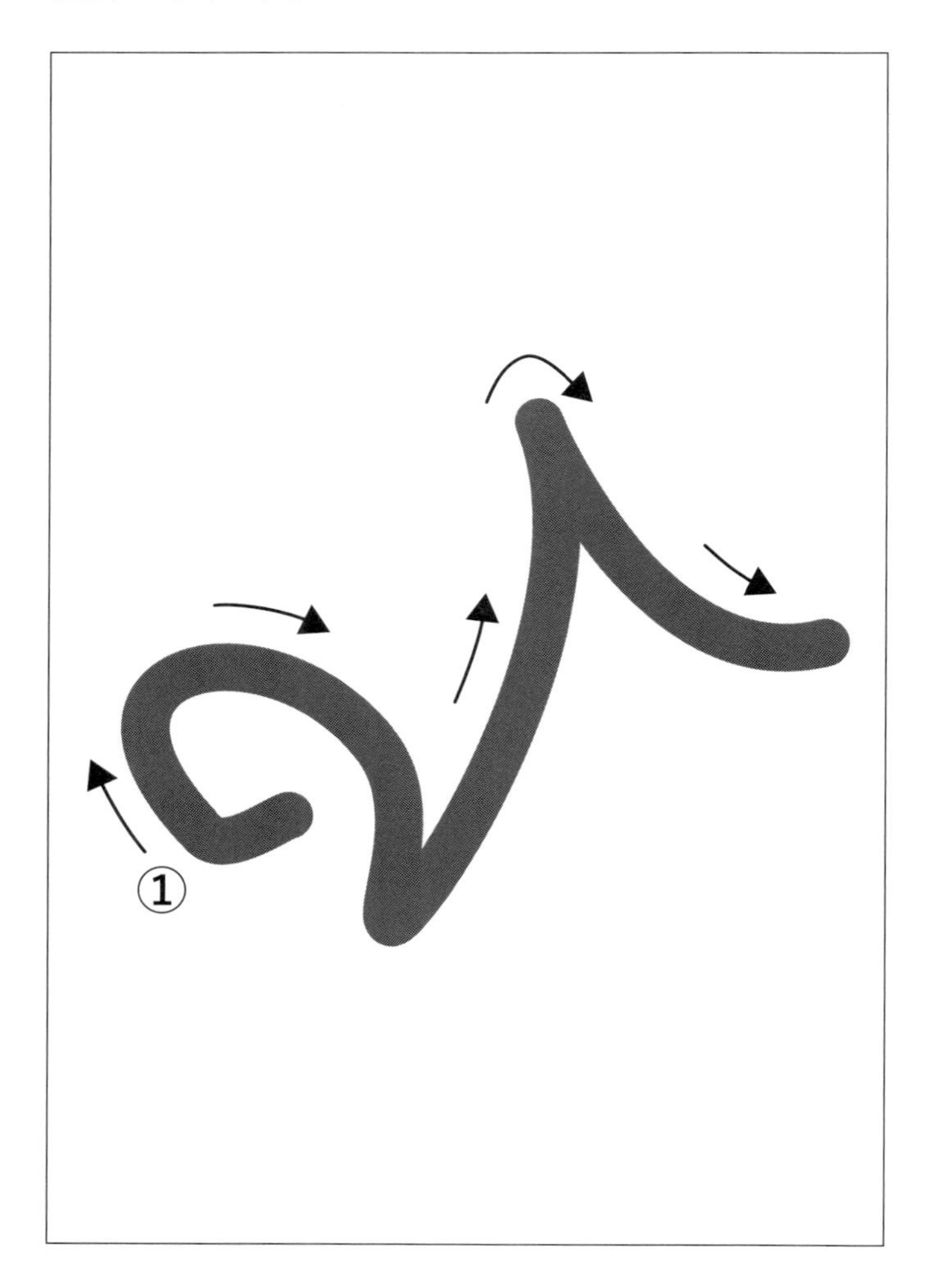

29. 九頭竜大神　196 ページ

28. 白龍大明神　192ページ

27. トヨカワダキニシンテン　188ページ

26. 産土神　184ページ

25. 平将門　180 ページ

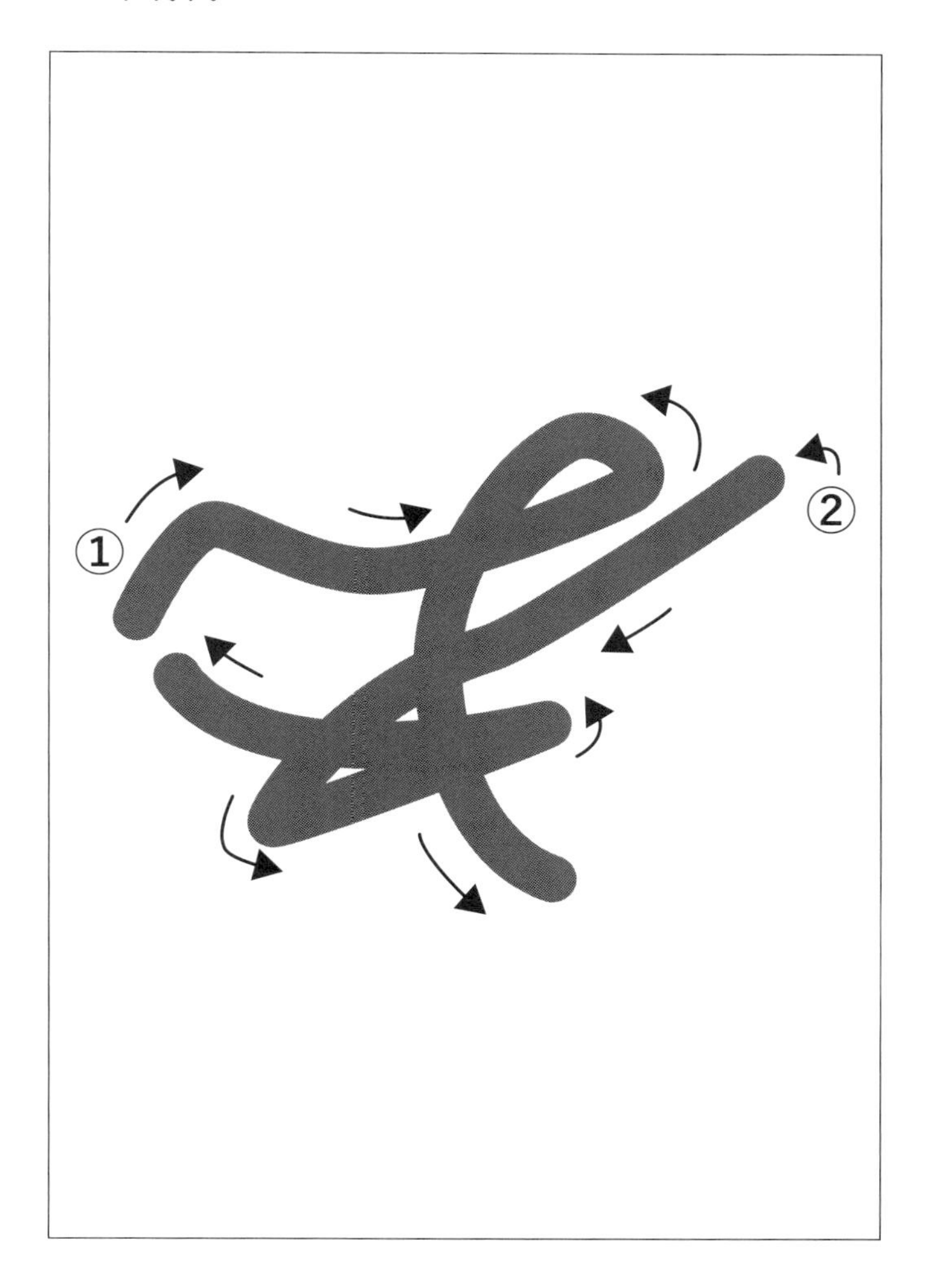

24. 神武天皇　174ページ

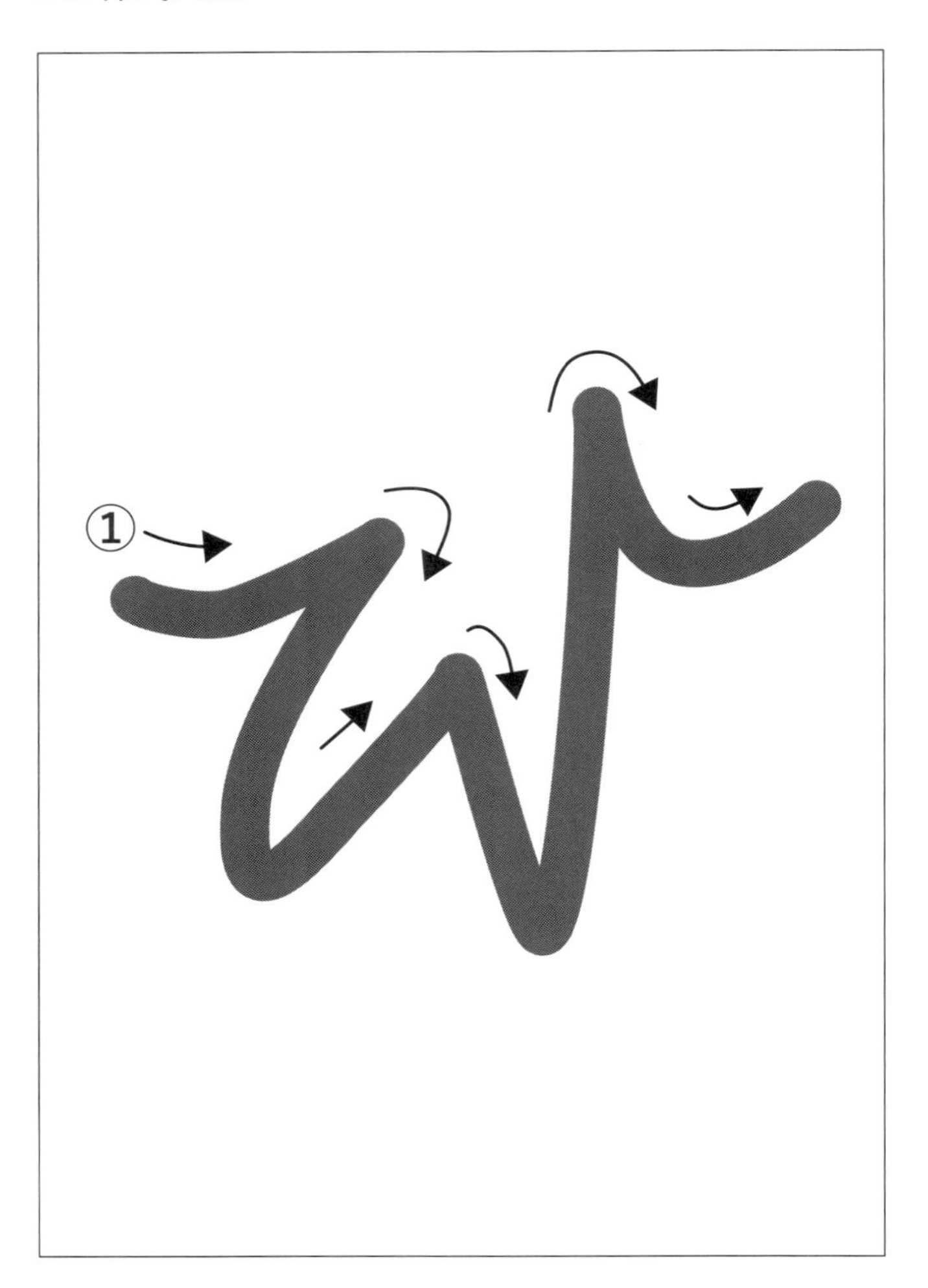

23. アメノヒリノメ　168 ページ

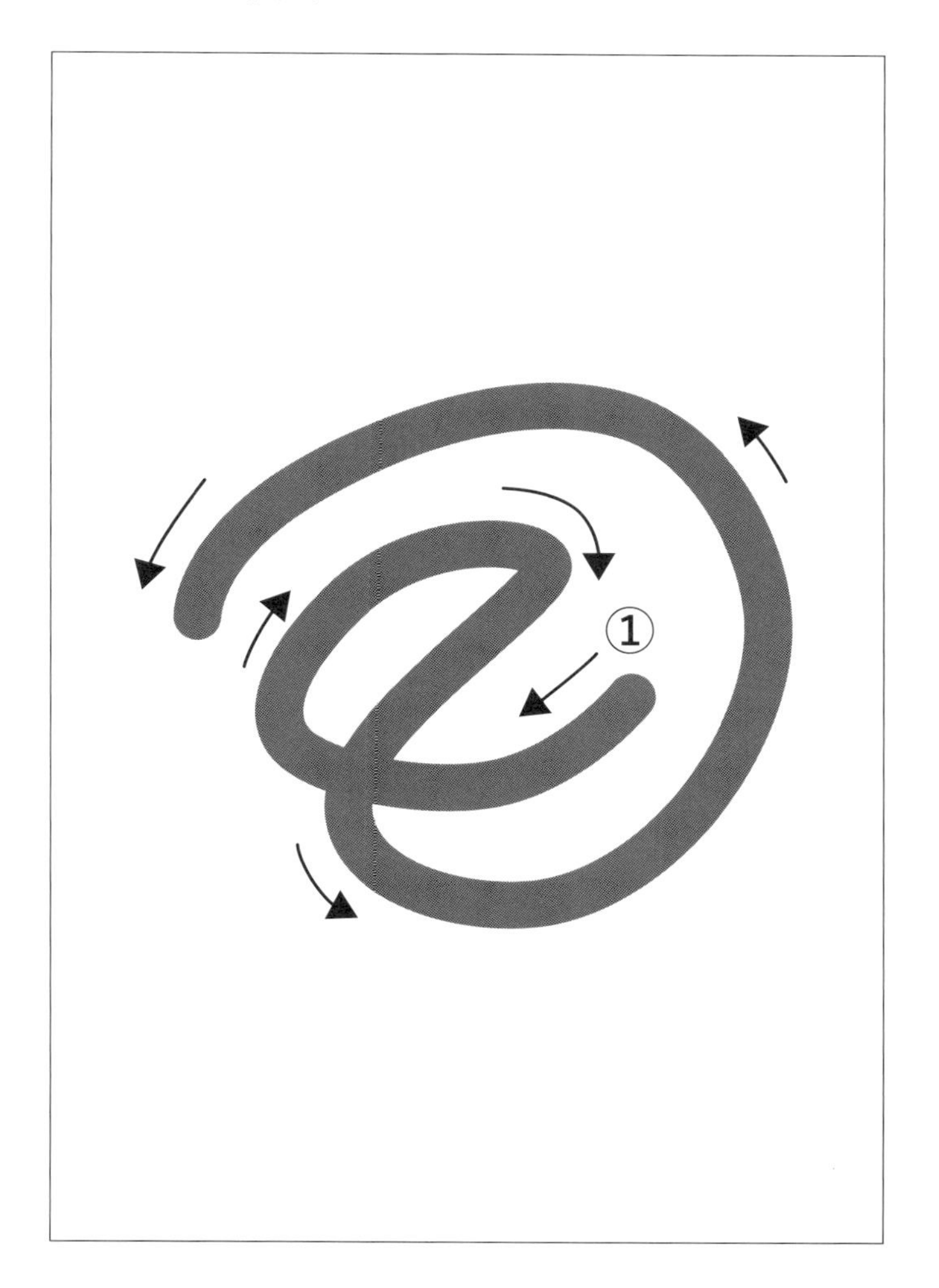

22. 歓喜天／ガネーシャ　162 ページ

21. ハニヤスヒメ　156ページ

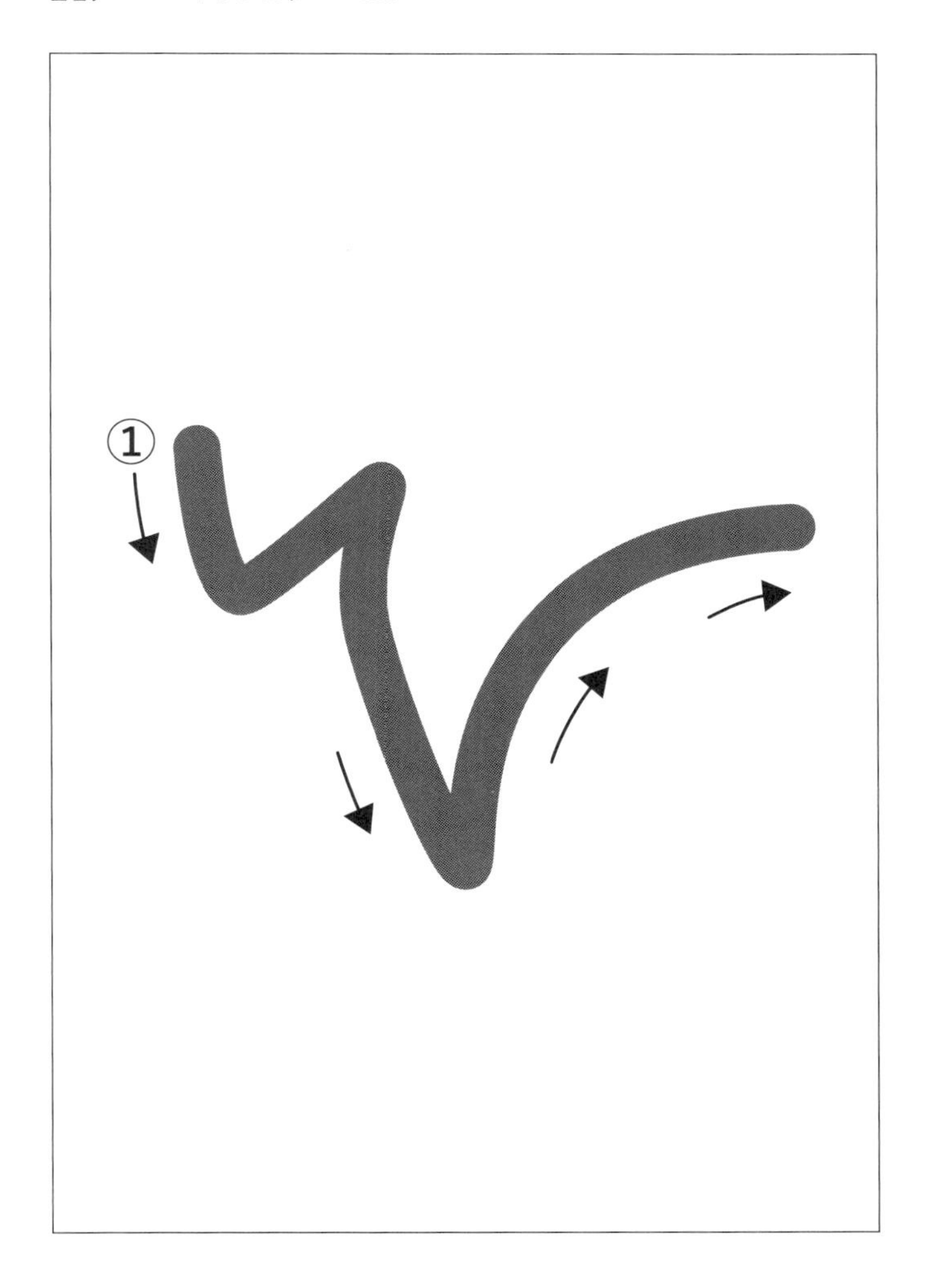

20. 毘沙門天　152ページ

19. 豊国大明神　146 ページ

18. 宇賀神　140 ページ

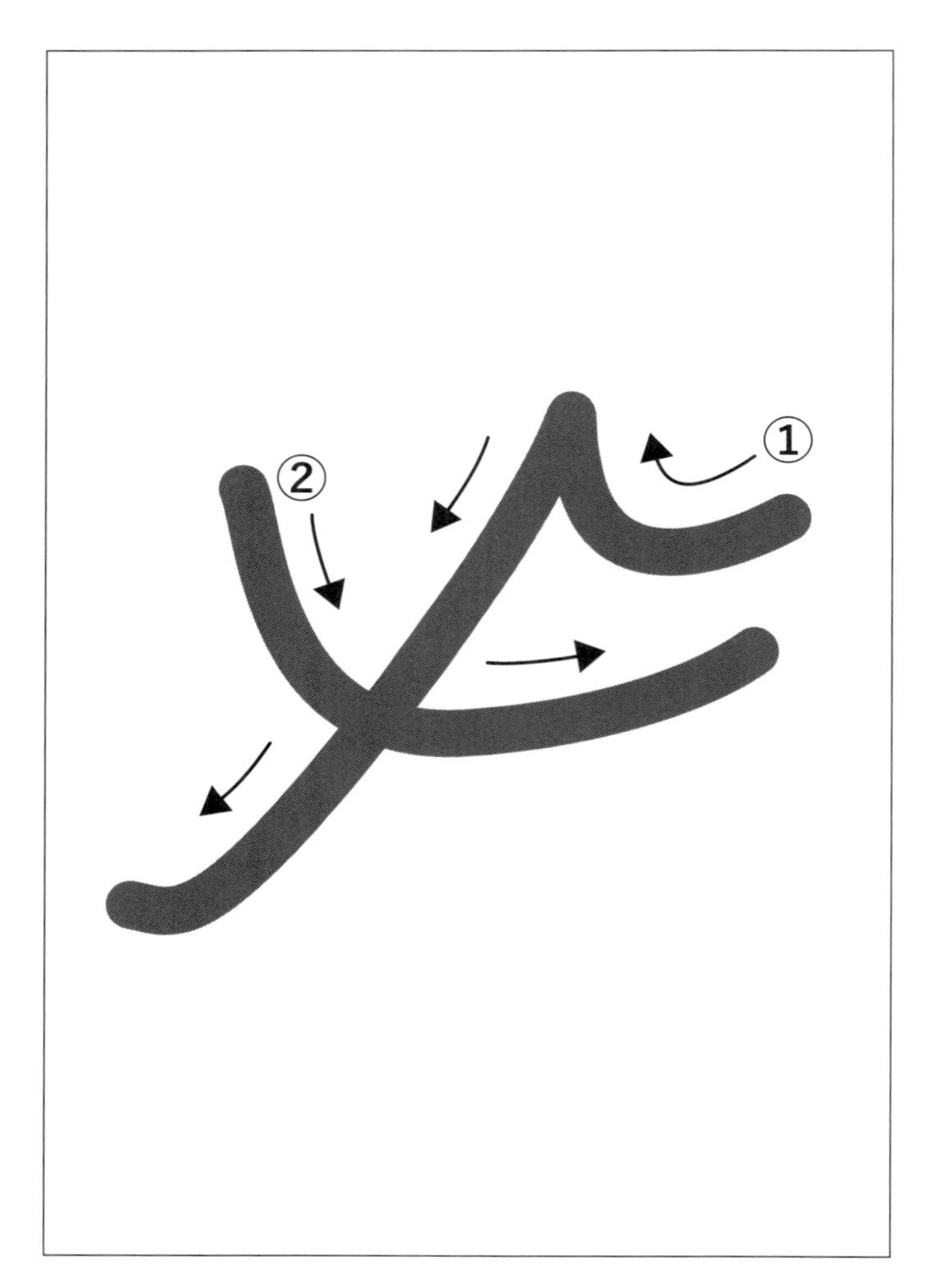

17. イザナミ・イザナギ　134ページ

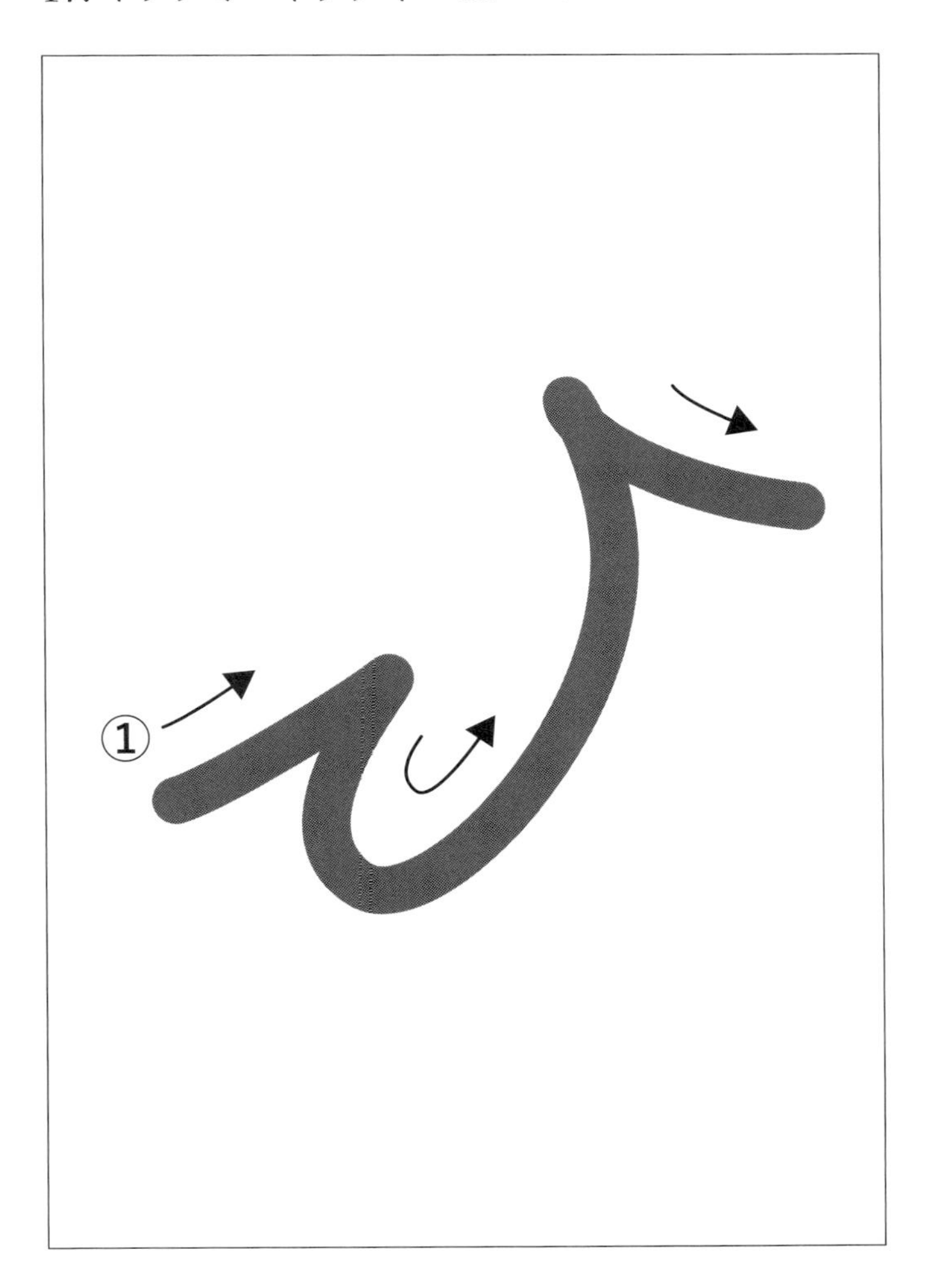

16. ニニギ　130 ページ

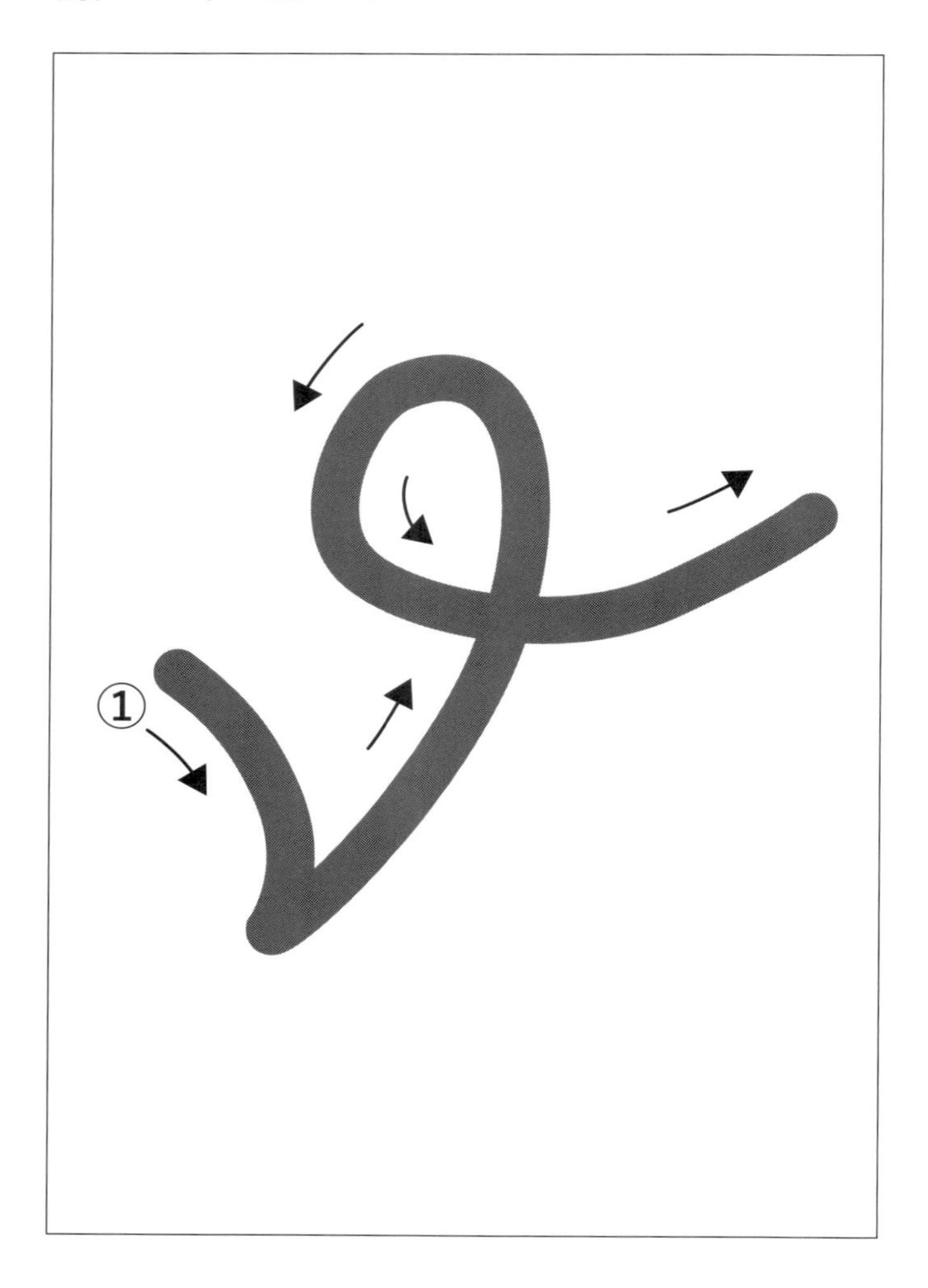

15. コノハナサクヤヒメ　124ページ

14. ヤマトタケル　118ページ

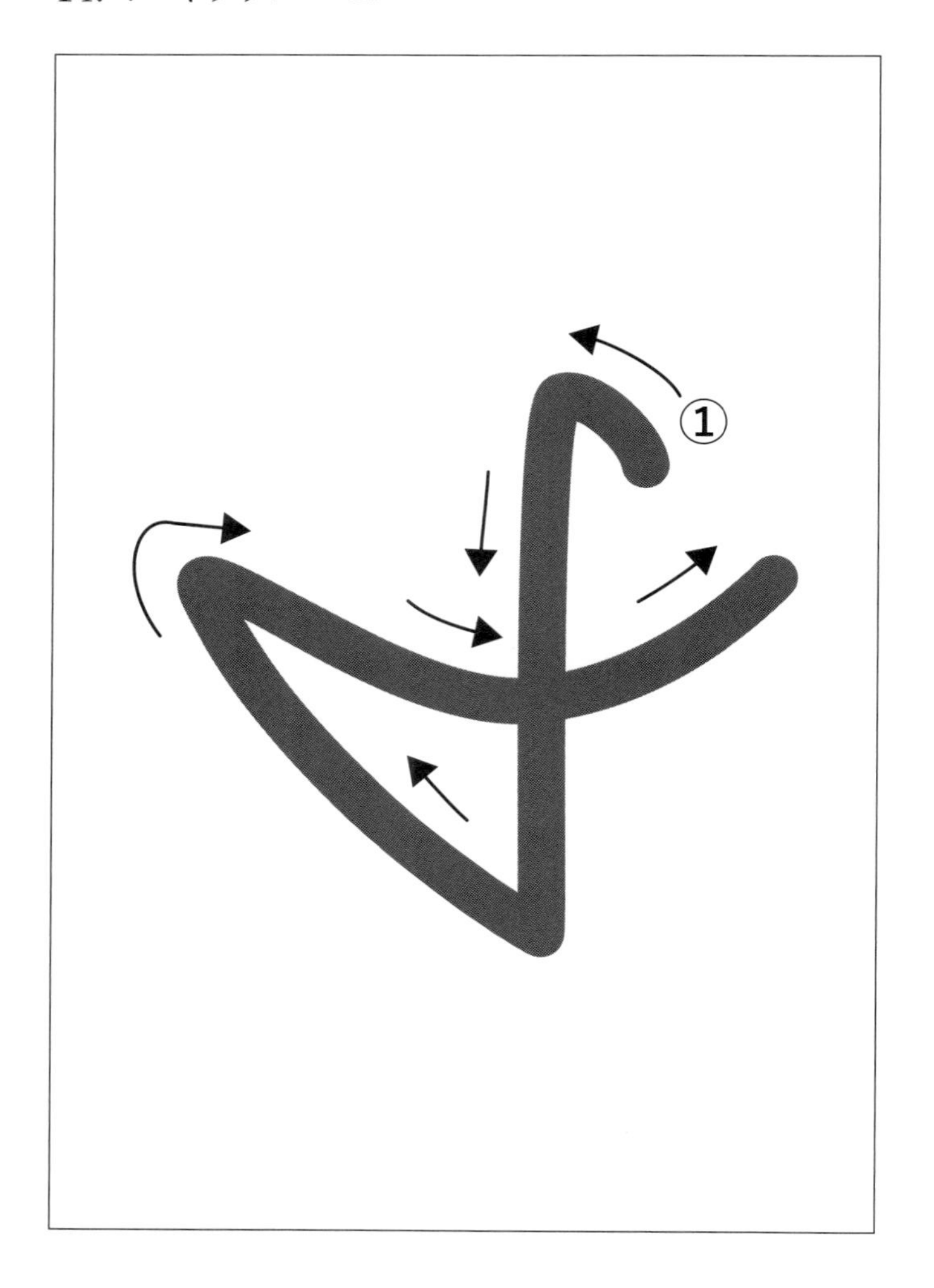

13. エビス　114ページ

12. タマノオヤ　110ページ

11. オオモノヌシ　106ページ

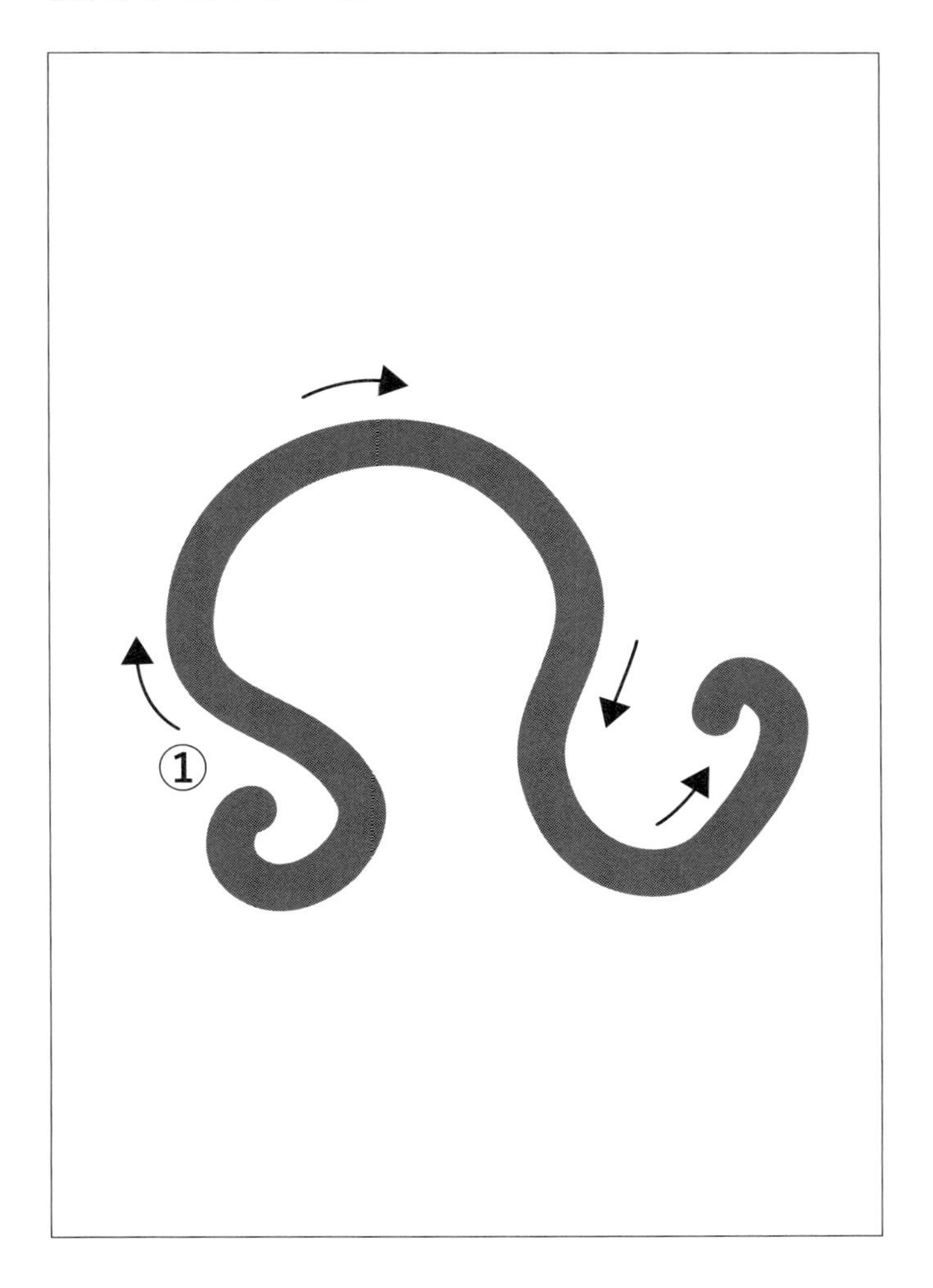

10. 弁才天　100 ページ

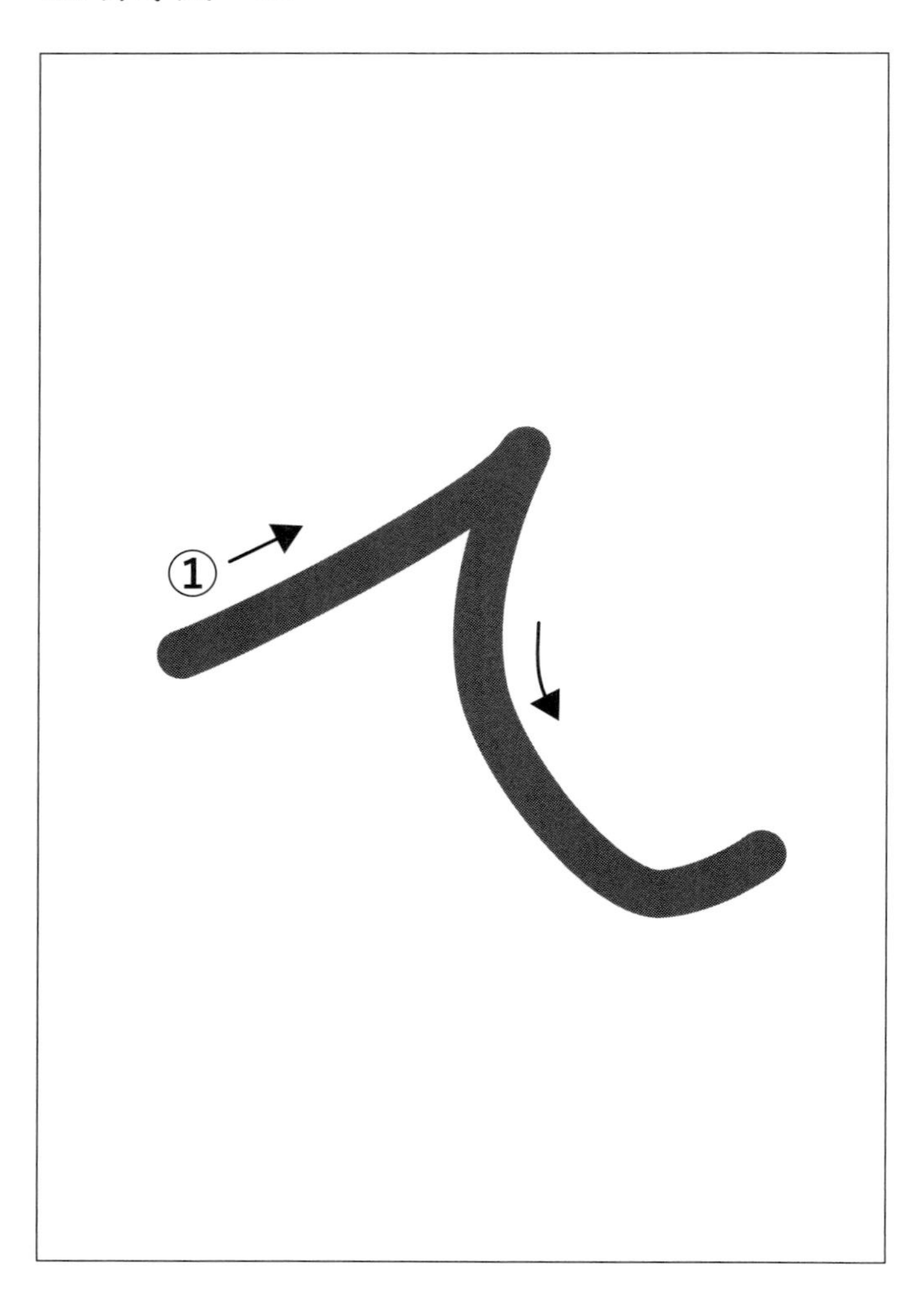

09. 宗像三女神　94ページ

08. オオクニヌシ　88ページ

07. 八幡神　84ページ

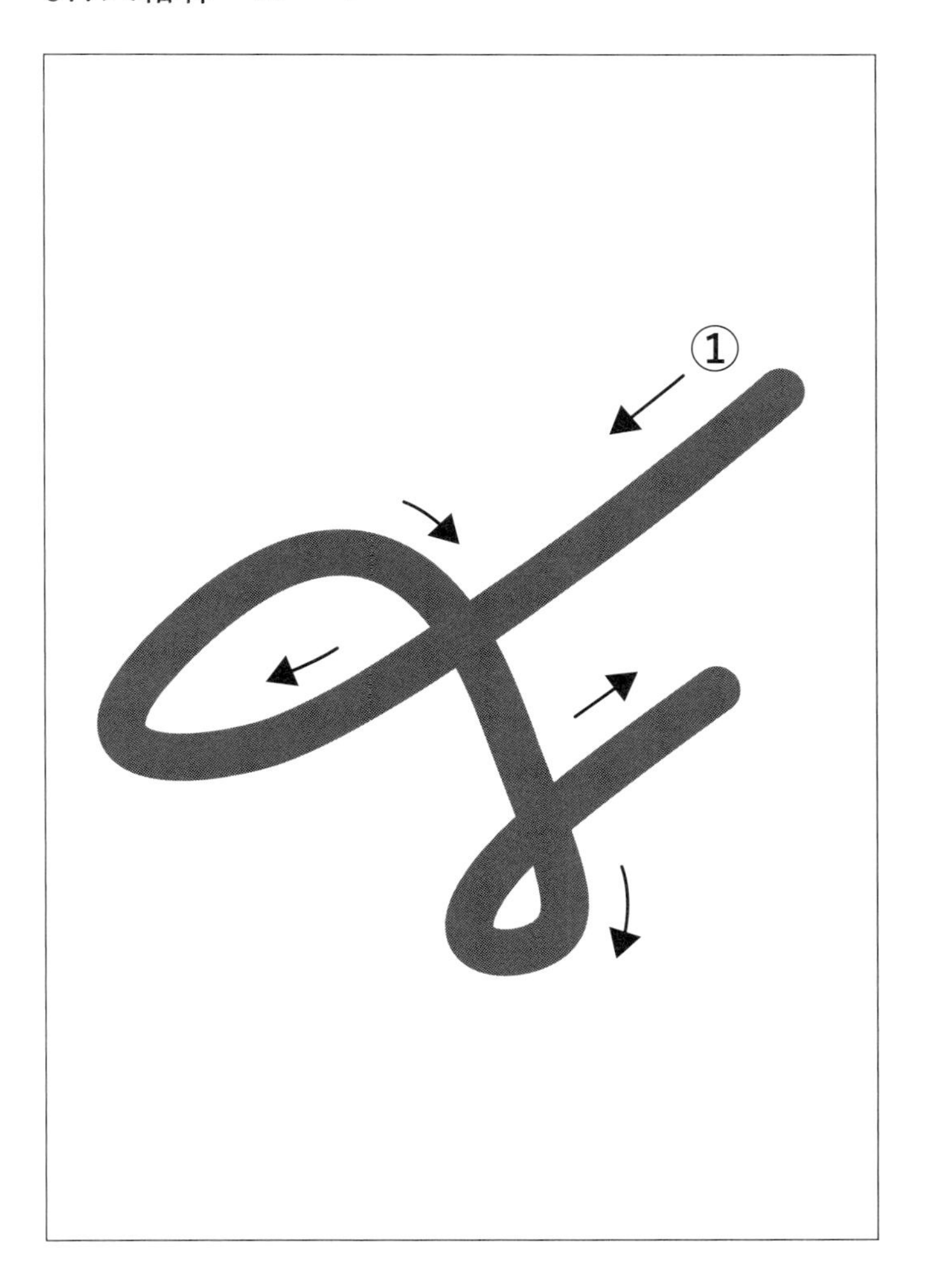

06. コトシロヌシ　78ページ

05. アマテラス　72ページ

04. 住吉三神　68ページ

03. ニギハヤヒ　64ページ

02. ウカノミタマ　58 ページ

01. 御歳神　52ページ

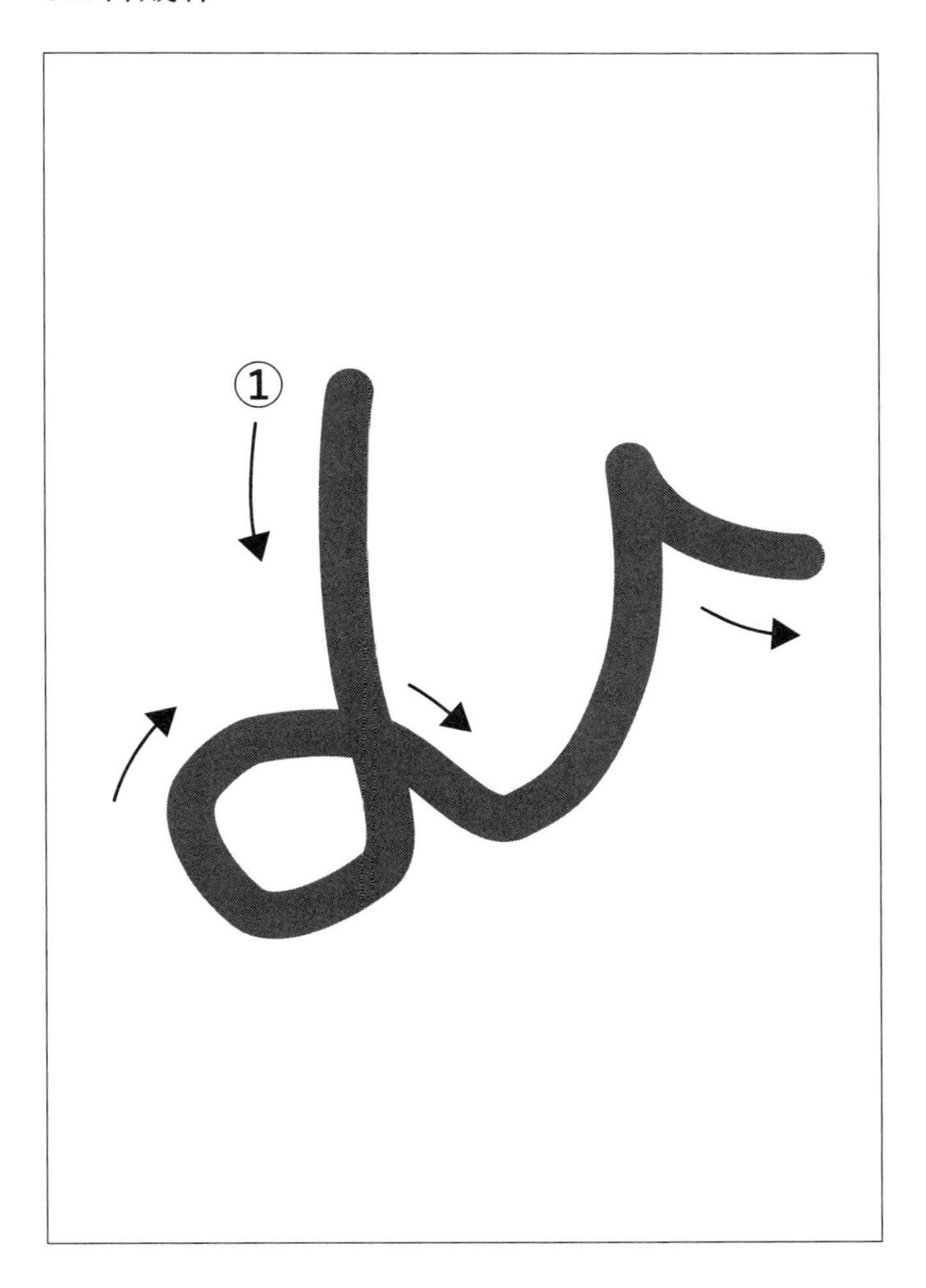

なぞって開運！神さまの「リズムレター」一覧

神社参拝や一日開運アクションができない時、さらにパワーをいただきたい時は、神さまを表す文字である「リズムレター」をなぞりながらお祈りをしましょう。

金運アップのほか、物事が進まない時や不安を感じた時、嫌な出来事があった時、体調が優れない時などになぞるのも効果的です。神さまのエネルギーをいただくことで、運気がアップしていきます。

○リズムレターのなぞりかた

①ご利益を得たい神さまを選び、223 ～ 253 ページよりその神さまのリズムレターを探します。

②「○○できるようにお願いします」など、具体的なお願いを思い浮かべながら、文字を3回繰り返してなぞります。書き順に沿って、必ず全部なぞるようにしましょう。

巻末資料

おわりに

最後まで本書をお読みいただき、ありがとうございます。

この本を通して世の中に金財華さまの存在をお知らせすることができ、とても嬉しく思っています。

でも、それと同じくらい私がお伝えしたかったのは、「立場や身を置く環境によって、生まれながらに持つ金運は人それぞれ」ということ。「なんだ、当たり前じゃない」と思うかもしれません。でも、金運を引き寄せるにはとても大事な考え方です。

「私は生まれつき金運がないから、頑張っても豊かになれないの?」と思う方もいらっしゃると思いますが、それは違います。

確かに、裕福な家庭に生まれて何不自由なく一生を終える人もいますが、そういう人はその他の運で努力が必要だったりするのです。

金運は、お一人お一人に必ず備わっています。ただ、それを手に入れるための方法が違うだけ。


今一度、「これまでどんな方法でお金を手に入れてきたか」「どんなタイミングでお金が入ってきたか」を思い出し、自分にどんな金運傾向があるのかを見つけてみてください。それぞれの金運勢に沿った行動をすることで、ぐんとお金が手に入りやすくなるはずです。

また、昨今では株取引など資産運用を推奨する流れがあります。それで大金を得る人もいますが、最初に自分で勉強をしてから取り組まなければ、詐欺に遭ったり大損したりする可能性が高いでしょう。覚悟のない人任せのお金のやり取りに、神さまからの許可は下りないのです。

そうして自分なりの努力をしてからお金の神さまにお願いをすれば、必ず豊かさを手にすることができます。頑張っている人を、神さまが見放すことはありませんよ。

この本とのご縁により、あなたが自身の金運、そして金財華さまをはじめとするお金の神さまがたとの良い関係が結べますよう、心よりお祈りしております。

著者紹介

瀧 天貴
（りゅう・てんき）

スピリチュアルカウンセラー。48歳の時に天上界の神様から「天の声」を授かり、スピリチュアルカウンセリングを開始。
あらゆる相談を受けるが特に経済運・金運・仕事運を得意とするため、個人・法人はもとより実業界や政界の人物からも信頼が厚く、依頼も多い。
テレビ出演や著書も多数。現在、PC占い「神読占」、LINE占い「神様の言葉」好評配信中。

瀧天貴オフィシャルサイト
https://inforyutenki.wixsite.com/home

金財華（きんざいか）さまと三十一（さんじゅういち）の神（かみ）さまが教（おし）える
金運（きんうん）アップのひみつ

発行日	2024年11月1日　初版発行
著　者	瀧天貴
発行者	高木利幸
発行所	株式会社説話社 〒102-0074 東京都千代田区九段南1-5-6 りそな九段ビル5階
企画協力	株式会社 Lumienne
デザイン	市川さとみ
イラスト	ichiko
印刷・製本	中央精版印刷株式会社

ISBN 978-4-910924-24-3 C2011